La nouvelle génération d'*Au-delà des mots*

BRIGITTE VANDAL

Vocabulaire

Lecture

Grammaire

Écriture

Éditions Grand Duc
Groupe Éducalivres inc.
955, rue Bergar, Laval (Québec) H7L 4Z6
Téléphone: 514 334-8466 ▪ Télécopie: 514 334-8387
InfoService: 1 800 567-3671

REMERCIEMENTS

Pour son travail de vérification scientifique, l'Éditeur témoigne sa gratitude à M. André Turcotte.

Pour leurs judicieux commentaires, remarques et suggestions à l'une ou l'autre des étapes d'élaboration du projet, l'Éditeur tient à remercier :

Mme Lucie Gilbert, École de Léry-Monseigneur-de-Laval, Commission scolaire de la Beauce-Etchemin ;

Mme Vicky Provencher, École Horizon-du-Lac, Commission scolaire de la Seigneurie-des-Mille-Îles ;

Mme Mylène Quessy, École Madeleine-de-Verchères, Commission scolaire du Chemin-du-Roy.

La nouvelle génération d'*Au-delà des mots*

CONCEPTION GRAPHIQUE (maquette intérieure et page couverture) : Flexidée

ILLUSTRATIONS : Yves Boudreau, Yves Dumont, Sébastien Gagnon, Jean Morin et Serge Rousseau

Nous reconnaissons l'aide financière du gouvernement du Canada par l'entremise du Fonds du livre du Canada (FLC) pour nos activités d'édition.

Gouvernement du Québec – Programme de crédit d'impôt pour l'édition de livres – Gestion SODEC

CODE PRODUIT 4182
ISBN 978-2-7655-0737-6

Dépôt légal
Bibliothèque et Archives nationales du Québec, 2012
Bibliothèque et Archives Canada, 2012

Imprimé au Canada

1 2 3 4 5 6 7 8 9 0 HLN 1 0 9 8 7 6 5 4 3 2

L'élève réutilise cette connaissance.

☆ L'élève le fait seul avec aisance au terme de l'année.

➡ L'élève apprend à le faire avec l'intervention systématique de l'enseignant ou l'enseignante.

⊘ Phrase incorrecte, non-sens.

☞ Passage du texte lié à une question.

Table des matières

Vocabulaire

On en parle à l'école

Exerce-toi à bien orthographier des mots que tu entends ou que tu utilises souvent à l'école.

Dans chaque cas :

a) trouve, dans l'encadré ci-dessous, le mot correspondant à la définition ;

b) écris les consonnes manquantes.

> - apprendre
> - chiffre
> - matière
> - mètre
> - français
> - cours
> - langue
> - recherche
> - réussir
> - nombre
> - groupe
> - phrase
> - compter
> - construire
> - sujet
> - nommer
> - comprendre
> - expliquer

1) Calculer.   __ o __ __ __ e __

2) Ensemble d'élèves faisant partie d'une même classe.   __ __ o u __ e

3) Ensemble de mots réunis pour former une idée complète.   __ __ __ a __ e

4) Cent centimètres.   __ è __ e

5) Leçon portant sur une matière.   __ o u __ __

6) Système de communication, langage.   __ a __ __ u e

7) Acquérir des connaissances.   a __ __ __ e __ __ __ e

8) Ce qui est étudié ou enseigné.   __ a __ i è __ e

Intention de lecture : *Lis le texte suivant afin d'identifier des traits de caractère des personnages.*

La vie cachée de Patrice Fleury

Chapitre 5 - Un lourd secret

[…]

— Pourquoi nous as-tu fait croire que tu habitais dans la maison au toit vert ?

— Les nerfs, intervient Éric.

— Je veux juste qu'il me dise où il habite pour vrai, proteste Bruno.

— Premièrement, ce n'est pas de tes affaires, lui lance Marc.

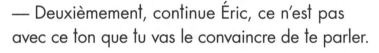

— Deuxièmement, continue Éric, ce n'est pas avec ce ton que tu vas le convaincre de te parler.

En effet, le climat de confiance qui était en train de s'installer est devenu un climat de confrontation. Patrice, qui déteste être bousculé, se referme peu à peu comme une huître. La question de Bruno mérite pourtant une réponse.

— Je n'aime pas les gens curieux, finit-il par lâcher en regardant Bruno droit dans les yeux.

Le ton est ferme, mais pas agressif. Bruno regrette déjà son emportement et cherche à se montrer sous un meilleur jour. Doucement, il dit :

— Je ne voulais pas te brusquer. Je trouve seulement bizarre que…

— Tu veux savoir la vérité ? s'impatiente Patrice. Je vais te la dire. Je ne suis pas seulement nouveau dans cette école. Je viens de déménager dans le quartier. Je me suis tout simplement trompé de rue. J'étais trop gêné pour l'avouer. T'es content ? Maintenant, arrête de m'énerver avec tes questions indiscrètes.

Sa réplique terminée, Patrice s'éloigne, les mains dans les poches.

— Lâche pas mon Bruno ! Tu sais vraiment comment t'y prendre pour te faire des amis.

— Ouais, renchérit Marc. Bravo !

— Oh ! Fichez-moi la paix !

— Si j'étais à ta place, suggère Éric, je le laisserais tranquille pour le reste de la journée. Donne-lui du temps, il finira bien par te dire où il habite.

— Éric a raison. Je parie même que très bientôt, nous serons chez lui tous les trois.

Patrice s'isole le reste de la journée, évitant à tout prix les contacts prolongés avec ses camarades. Il regrette sa saute d'humeur contre Bruno, mais il ne sent pas encore le besoin de s'en excuser.

Éric et Marc n'ont aucune difficulté à respecter l'espace vital de Patrice. De caractère indépendant, ils préfèrent attendre que Patrice soit prêt à parler. Bruno, lui, a du mal à accepter toute forme de rejet. D'où son besoin de se sentir apprécié de Patrice et de chercher par tous les moyens à devenir son ami.

Mais au-delà de tout, Bruno est tenaillé par la curiosité. Il veut savoir, ou plutôt il veut être le premier à savoir où demeure Patrice. Aussi, à la fin du cours, il se précipite pour aller l'attendre dehors.

Dix minutes plus tard, Patrice sort de l'école. Il est alors loin de se douter qu'une dizaine de mètres derrière lui, quelqu'un s'apprête à le filer.

■ Vincent GRÉGOIRE,
La vie cachée de Patrice Fleury, Laval, Éditions Grand Duc, 1998, p. 45-48 (Collection L'Heure Plaisir Tic-Tac).

Je comprends ce que je lis

1. Coche (☑) les traits de caractère qui sont associés à Bruno dans le texte.

□ confiant   □ curieux   □ agressif

□ gêné   □ indiscret   □ indépendant

2. Aimerais-tu que Bruno soit ton ami ? Pourquoi ?

_____

_____

3. Pourquoi Bruno veut-il à tout prix que Patrice devienne son ami ?

_____

_____

4. Que veut réellement dire Marc lorsqu'il dit à Bruno : « Lâche pas mon Bruno !
Tu sais vraiment comment t'y prendre pour te faire tes amis » ?

_____

_____

_____

5. À ton avis, pourquoi Patrice s'isole-t-il
pour le reste de la journée ?

_____

_____

_____

_____

_____

Grammaire

Pour identifier un nom 🔗

> Pour identifier un <u>nom</u>, cherche le mot qui :
>
> - peut être précédé d'un **déterminant** ;
>   *Exemples :* **un** <u>cahier</u>, **une** <u>règle</u>, **du** <u>papier</u>, **des** <u>élèves</u>
> - peut être précédé ou suivi d'un **adjectif.**
>   *Exemples :* un **petit** <u>cahier</u>, une <u>règle</u> **précise**, du **vieux** <u>papier</u>,
>   des <u>élèves</u> **motivés**

1. a) Entoure les noms dans les phrases ci-dessous.

   b) Pour justifier tes réponses, récris les noms en mettant le déterminant
   un, une, du ou *des* devant chaque nom et en ajoutant un adjectif
   avant ou après.

   1) Ces écoliers mangent leur collation.

   _____

   2) L'enfant choisit plusieurs loisirs.

   _____

   3) Ce crayon est fait de bois recyclé.

   _____

   4) Laissez vos bottes dans votre casier.

   _____

   5) Le matin, il mange ses céréales.

   _____

   6) Deux mille personnes vivent dans ce village.

   _____

2. a) Dans chaque paire de phrases ci-dessous, coche (☑) la phrase dans laquelle le mot en caractères gras appartient à la classe des noms.

b) Récris cette phrase :

– en faisant précéder le nom en caractères gras du déterminant *un*, *une*, *du* ou *des* ;

– en ajoutant un adjectif au nom en caractères gras.

Exemple : ☐ Elle **porte** le ballon.   ☑ Le ballon est près de la **porte.**

*Le ballon est près d'**une porte ouverte.**_____*

1) ☐ Je **bois** un berlingot de lait.   ☐ Le **bois** flotte sur l'eau.

_____

2) ☐ Nous offrons cette **rose** au directeur.   ☐ Mylène a égaré son sac **rose.**

_____

3) ☐ Tu ne veux pas suivre ce **cours.**   ☐ Tu **cours** plus vite que moi.

_____

4) ☐ Un brigadier **règle** le conflit.   ☐ En mathématiques, il te faut ta **règle.**

_____

5) ☐ Qui **joue** au ballon avec moi ?   ☐ Il a la **joue** qui enfle.

_____

6) ☐ Elle mange la **soupe** de sa mère.   ☐ Elle **soupe** vers cinq heures.

_____

7) ☐ La directrice **note** une hausse des absences.   ☐ Papa a écrit cette **note** pour justifier mon absence.

_____

Le nom est un donneur d'accord ☆

Le **nom** donne son genre (masculin ou féminin) et son nombre
(singulier ou pluriel) au <u>déterminant</u> qui l'accompagne
et à l'<u>adjectif</u> qui le complète.

Exemple :   Elle cherche <u>des</u> **crayons** <u>aiguisés</u>.

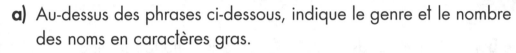

masc. pl.

a) Au-dessus des phrases ci-dessous, indique le genre et le nombre
des noms en caractères gras.

b) Dans chaque cas, entoure le déterminant et l'adjectif accordés correctement.

_____

1) (Cet, Cette) **école** (primaire, primaires) présente

_____

(un, des) **projets** (original, originaux).

_____

2) (Une, Des) (jeune, jeunes) **enseignantes** ont accepté de plonger

_____

dans (cet, cette) **aventure** (passionnante, passionnantes).

_____

3) (Votre, Vos) (futur, future) **directeur** aime s'exprimer

_____

dans (un, des) **langage** (imagé, imagée).

_____

4) Parmi (le, les) **garçons** (sélectionné, sélectionnés), quelques-uns

_____

ont eu à vaincre (leur, leurs) **timidité** (habituel, habituelle).

Le nom, sujet du verbe ⇨

> Quand il est le **noyau** d'un groupe du nom qui occupe la fonction de sujet, le **nom** donne sa personne (3ᵉ) et son nombre (sing. ou pl.) au verbe conjugué.
>
> *Exemple :* La **surveillante** fait le tour des chambres.
>
> 3ᵉ pers. sing. (elle)

Dans les phrases ci-dessous, les noms en caractères gras sont les noyaux de groupes du nom qui occupent la fonction de sujet.

a) Indique la personne et le nombre des noms en caractères gras.

b) Entoure le verbe qui est bien accordé avec chacun de ces noms.

_____

1) L'**enseignante** (arrive, arrivent) en classe avec un garçon de taille moyenne.

_____

2) Les **élèves** (regarde, regardent) le nouvel arrivé avec curiosité.

_____

3) La **matinée** (continue, continuent) normalement, au grand soulagement de Patrice.

_____

4) Les **garçons** de la classe (refuse, refusent) de jouer avec Patrice pendant la récréation.

_____

5) La **froideur** des filles (blesse, blessent) le nouvel élève.

_____

6) Les **yeux** de Patrice (baigne, baignent) dans l'eau.

Le groupe du nom (GN) et ses constructions ☆

- Le groupe du nom (GN) est un groupe de mots qui contient au moins un nom propre ou un nom commun. Le **nom** est le **noyau du groupe du nom.** Le noyau ne peut pas être effacé.

  Exemple : <u>**Karl**</u> a obtenu un <u>**résultat**</u> satisfaisant.

  ⊘ <u>~~Karl~~</u> a obtenu un <u>**~~résultat~~**</u> satisfaisant.

- Le groupe du nom peut être formé :
  – d'un déterminant et d'un nom ;

  Exemple : **Ma classe** compte **vingt-trois élèves.**

  – d'un nom propre ; ☆

  Exemple : Mon enseignant s'appelle **Jean-René.**

  – d'un déterminant et d'un nom qui a comme expansion un adjectif placé avant ou après lui.

  Exemple : Au Québec, l'expression **la <u>petite</u> école** désigne **l'école <u>primaire</u>.**

                                                     expansion   expansion

1. Entoure les noyaux des groupes du nom en caractères gras dans le texte ci-dessous. Au-dessus de chacun d'eux, précise s'il s'agit d'un nom commun (n. c.) ou d'un nom propre (n. p.).

Sibusiso vit en **Afrique.** Il habite dans **une fraiseraie.** Il doit marcher

huit kilomètres pour se rendre à l'école. **Sa matière préférée** est l'anglais.

Le midi, on lui sert **un délicieux repas** qu'il déguste sur un banc en discutant

avec **ses nombreux camarades.**

Le jeune garçon étudie très fort

afin de piloter, un jour, **un avion.**

2. Souligne les noms dans les phrases ci-dessous,
puis entoure les groupes du nom.

a) Antoine reçoit des cours particuliers.

b) Claudia est assise dans la première rangée.

c) L'école est située dans une réserve aborigène.

d) L'Australie est un peu moins grande que le Canada.

e) Je fréquente une école spéciale.

f) Asumi a neuf ans et il est né à Tokyo.

g) Ses matières favorites sont les arts plastiques
et l'éducation physique.

h) Sa sœur étudie à Boston.

i) Richmond est un superbe village.

3. Relève, dans les phrases du numéro **2,** deux groupes du nom qui
correspondent à chacune des constructions proposées ci-dessous.

a) Déterminant + nom : _____

_____

_____

b) Nom seul : _____

_____

_____

c) Déterminant + nom + adjectif : _____

_____

_____

d) Déterminant + adjectif + nom : _____

_____

_____

Le groupe du nom avec l'expansion
à ou *de* + un groupe du nom (GN) ⇨

Le **groupe du nom** peut aussi être formé d'un déterminant, d'un nom et d'une expansion constituée de la préposition *à, de* ou *d'* suivie d'un groupe du nom.

Exemple : **La course** <u>à la patate bleue</u> se tiendra dans **la cour** <u>de la maternelle.</u>
                             expansion   expansion

1. Parmi les groupes du nom en caractères gras dans les phrases ci-dessous, souligne ceux qui correspondent à la construction *déterminant + nom + à* ou *de + GN*.

a) En **arts plastiques,** nous devions faire **le portrait de notre mère.**

b) **Ta mère** a **la solution à tous les problèmes.**

c) Quand j'étais en **quatrième année,** je devais nettoyer **les brosses à tableau.**

d) **Les sabres de samouraï** fascinent **Lukasi** et **son grand-père.**

e) **Le directeur de mon école** aime faire **des tours de magie.**

f) **Les cahiers à spirale** devraient être interdits en classe, car **le fil de métal** peut nous blesser.

g) **Mes parents, le jour de mes neuf ans,** m'ont offert **une calculatrice à énergie solaire.**

h) **L'estime de soi** est **une source de motivation inestimable.**

i) **L'enseignante de mon frère** réussit toujours à satisfaire **les attentes de ses élèves.**

j) **Bruno** se tourne vers **l'arrière de la classe** à **la recherche d'un sourire approbateur.**

k) J'ai encore oublié **mon devoir de mathématiques** sur **la table à cartes.**

l) Vous trouverez **le papier à dessin** et **le papier de bricolage** sur **les étagères de la bibliothèque.**

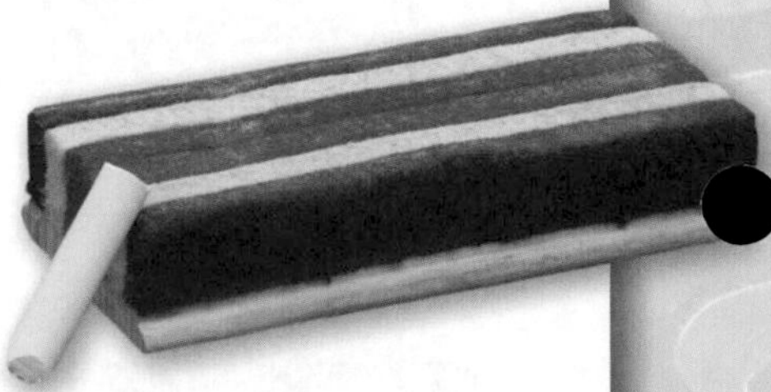

2. Complète chacune des phrases ci-dessous en y ajoutant un groupe du nom qui correspond à la construction proposée. Choisis tes groupes du nom parmi ceux de l'encadré.

> - ce gros crayon
> - cinq minutes de marche
> - son crayon de couleur
> - son sac à dos
> - la fillette de dix ans
> - mon étui à crayons
> - l'autobus

a) Léonie est convaincue que _____ a des pouvoirs
                                        dét. + N + *de* + GN

magiques.

b) _____ est très lourd.
        dét. + N + *à* + GN

c) _____ n'entre pas dans _____.
        dét. + adj + N   dét. + N + *à* + GN

d) L'école de mon quartier se trouve à _____.
                                              dét. + N + *de* + GN

e) _____ ne sera plus obligée de prendre
        dét. + N + *de* + GN

_____.
        dét. + N

Conjugaison

Les deux parties du verbe / Les verbes *aimer*, *avoir* et *être* à l'indicatif présent ☆

> Le verbe conjugué se divise en deux parties : un radical qui change peu ou qui ne change pas lorsque le verbe est conjugué et une terminaison qui varie selon le temps, la personne et le nombre.
>
> *Exemple :* j'aime, tu aimes, elle aimait, nous aimerons

1. Conjugue le verbe *aimer* au présent de l'indicatif, puis entoure les terminaisons.

J' _____ Nous _____

Tu _____ Vous _____

Il / Elle, On _____ Ils / Elles _____

2. Conjugue les verbes *avoir* et *être* au présent de l'indicatif à la personne demandée dans les phrases ci-dessous.

a) Saïd (avoir, 3e pers. sing.) _____ M. Théophile comme professeur de géographie.

b) M. Théophile (être, 3e pers. sing.) _____ sévère, mais drôle.

c) Antoine et moi (être, Ire pers. pl.) _____ capables de situer tous les pays.

d) Antoine et toi (avoir, 2e pers. pl.) _____ la meilleure note.

e) Tu (être, 2e pers. sing.) _____ derrière moi dans la classe.

f) Ces cartes muettes (être, 3e pers. pl.) _____ récentes.

g) Les élèves (avoir, 3e pers. pl.) _____ un sujet de recherche à choisir.

h) Tu (avoir, 2e pers. sing.) _____ trois semaines pour mémoriser les capitales du monde.

i) C'est moi qui (avoir, Ire pers. sing.) _____ la chance d'assister M. Théophile.

   © Éditions Grand Duc

L'école à la maison !

Savais-tu qu'au Québec, et ailleurs, il y a des jeunes de 5 à 16 ans qui ne fréquentent pas une école ? Dirigés par leurs parents, ces jeunes reçoivent leur éducation scolaire dans le confort de leur maison. Imagine qu'une rencontre est organisée dans ta classe pour interroger des jeunes de ton âge qui font l'école à la maison.

Prépare cinq questions que tu aimerais leur poser.

1. _____

_____

2. _____

_____

3. _____

_____

4. _____

_____

5. _____

_____

Réponds à chacune des questions suivantes en cochant (☑) la ou les bonnes réponses.

1. Le nom est un mot qui peut être… ☆

☐ précédé d'un déterminant   ☐ précédé d'un adjectif

☐ suivi d'un déterminant   ☐ suivi d'un adjectif

2. Complète le groupe du nom en caractères gras. ☆

*Marika regardait **les gamins** _____.*

☐ énervé   ☐ énervée   ☐ énervés   ☐ énervées

3. Indique la personne et le nombre du nom souligné. ☆

Le <u>groupe</u> se déplace en silence.

☐ 1ʳᵉ pers. sing.   ☐ 2ᵉ pers. sing.   ☐ 3ᵉ pers. sing.   ☐ 3ᵉ pers. pl.

4. Relève le ou les groupes du nom dans la phrase suivante. ☆

Noémie prépare ses vacances estivales.

☐ Noémie   ☐ vacances   ☐ ses vacances   ☐ ses vacances estivales

5. Quel mot est le noyau d'un groupe du nom dans la phrase suivante ? ☆

Il aimait surtout enseigner l'éducation physique.

☐ Il   ☐ surtout   ☐ éducation   ☐ physique

6. Relève le groupe du nom avec une expansion dans la phrase suivante. ➡

La mère de Patrice déménage souvent.

☐ La mère   ☐ de Patrice   ☐ Patrice   ☐ La mère de Patrice

7. Par quel nom désigne-t-on la partie d'un verbe conjugué qui change peu ou pas pendant la conjugaison ? ☆

☐ pronom   ☐ radical   ☐ terminaison   ☐ infinitif

8. Conjugue le verbe *être* au présent de l'indicatif à la 2ᵉ personne du pluriel. ☆

☐ Vous avez   ☐ Vous être   ☐ Vous êtes   ☐ Vous étiez

CHAPITRE B Frissons garantis !

Vocabulaire

Complète le court récit ci-dessous en plaçant dans le bon ordre les lettres des mots manquants. N'hésite pas à te servir des indices présentés sous les mots.

Le cauchemar de Julius

À chaque coup de (t m n i u i) _____, le même scénario venait hanter
                     milieu de la nuit

le sommeil de Julius. Tout d'abord, venant de (e o r d h s) _____, des
                                          à l'extérieur

(r c s i) _____ étouffés et macabres. Puis, Julius, (o t m r) _____
       hurlements   sans vie

de (p r u e) _____, caché (r r r i e e è d) _____ l'unique fenêtre
          terreur   en arrière de

de sa chambre, scrutant l'horizon. Apparaissait alors le monstre au (o c s p r)

_____ velu, à l'(l i e o) _____ unique : un cyclope. Le monstre
  anatomie   organe de la vue

était de plus en plus (r p c o h e) _____ de sa fenêtre. Julius cessait
                                 rapproché

alors de (r e r p r s i e) _____. Il n'arrivait pas à attraper le (n b o t â)
                inspirer et expirer

_____ de baseball qui se trouvait à ses pieds. Chaque fois que Julius
pièce de bois ronde et allongée

parvenait à l'effleurer, l'objet se mettait à rouler un peu plus loin. Me voilà encore

à (v ê r e r) _____ de ce monstre, se disait Julius dans son songe, je dois
          faire un rêve

vite me (v l é e r l r i e) _____.
               sortir du sommeil

Ta stratégie de lecture

1. Surligne les mots qui ne te sont pas familiers.

2. Tente de leur donner un sens à l'aide du contexte de la phrase ou du texte.

Intention de lecture : *Lis le texte ci-dessous afin de découvrir ce qui inquiète Grégory.*

Cauchemar dans la ville

Chapitre I – Une nuit sinistre

On entend rarement hurler des loups lorsqu'on habite une ville. C'est pourtant ce hurlement sinistre, caractéristique, qui réveille Grégory Montembeau. Apeuré, le garçon s'assoit dans son lit. Les sens aux aguets, il dresse l'oreille.

Sa chambre, faiblement éclairée par une petite veilleuse, semble profondément endormie.

« J'ai probablement rêvé », songe-t-il au bout d'un moment.

Mais la sueur perle sur son front. À demi rassuré, il repousse les couvertures et saute en bas de son lit. Dehors, le vent souffle fort. Grégory enfile ses pantoufles et s'approche de l'unique fenêtre de sa chambre. Elle donne sur l'arrière, dominant une cour immense plantée de vieux arbres. Hormis le vent qui secoue violemment les saules et les peupliers, Grégory ne remarque rien d'anormal. C'est une nuit comme toutes les autres. Pourtant, l'inquiétude étreint le cœur du garçon.

— Ce hurlement effrayant était si réel… murmure-t-il.

Il colle son front moite contre la vitre. Le contact du verre froid lui fait du bien et l'aide à réfléchir.

Rien n'a bougé dans la maison. Si un loup s'était réellement fait entendre, les autres membres de la famille auraient aussi été alertés. Son père, sa mère et sa sœur Béatrice auraient eux aussi réagi à l'horrible hurlement…

Le garçon frissonne malgré lui. Le nez collé à la vitre, Grégory observe la nuit. L'arrière de la propriété est éclairé presque comme en plein jour. Grégory se rappelle maintenant que cette nuit la lune est pleine. Martine, sa mère, n'a pas cessé de le répéter tout au long de la journée.

Les vents violents continuent de dépouiller les arbres de leurs dernières feuilles. Soudain, l'attention de Grégory est attirée par un curieux mouvement qui se manifeste dans l'ombre.

L'immense propriété des Montembeau est bordée d'un côté par un vaste terrain vague. De l'autre côté s'étend l'ancien domaine des Brodeur-Brakovick.

La résidence est une superbe maison victorienne, laissée à l'abandon depuis de nombreuses décennies. « Depuis toujours », raconte Grégory, qui n'a que onze ans. Pour lui, la maison a toujours été vide, délaissée par ses propriétaires. Curieusement, ceux-ci n'ont jamais cherché à la vendre. Ils espèrent peut-être revenir l'habiter un jour. L'étrange bâtisse ressemble à un château hanté. Ses multiples tourelles se dressent dans la nuit. Elles brillent, éclairées par la lumière argentée de la lune qui se reflète sur l'ardoise des toits.

Les deux propriétés, celle des Montembeau et celle des Brodeur-Brakovick, sont séparées par une clôture de fer recouverte de lierre. Celle-ci est percée d'une porte, située près du fleuve. Cette porte, depuis longtemps, ne sert plus. C'est pourtant près de cette porte qu'un mouvement d'ombre a attiré l'attention de Grégory.

À son grand étonnement, il croit voir une silhouette franchir l'ouverture et pénétrer à l'intérieur de la propriété voisine. Intrigué, Grégory ouvre la fenêtre sans bruit et s'y penche.

Le vent mauvais de l'automne siffle entre les arbres. Le garçon se demande si, cette fois encore, il n'a pas rêvé. Il décide d'en avoir le cœur net. Il s'empresse d'enfiler son jean, ses souliers et un épais chandail molletonné. Toujours sans faire de bruit, il descend au rez-de-chaussée. Il se munit de la grosse lampe de poche accrochée en permanence dans la cuisine et sort dans la sinistre nuit d'octobre.

■ Anne RICHTER, *Cauchemar dans la ville*,
Laval, Éditions Grand Duc, 1995, p. 1-6 (Collection L'Heure Plaisir Tic-Tac).

Je comprends ce que je lis

1. Nomme les deux événements qui perturbent le sommeil et la nuit de Grégory.

a) _____

b) _____

2. Comment réagirais-tu si tu te faisais réveiller par le hurlement d'un loup?

_____

_____

_____

3. Bien que ce soit la nuit, Grégory remarque que l'arrière de la propriété est éclairé presque comme en plein jour. Comment explique-t-on ce phénomène dans le texte?

_____

4. Dans le texte, à quoi sert la comparaison entre la résidence des Brodeur-Brakovick et un château hanté?

_____

_____

_____

5. À ton avis, cette histoire est-elle vraisemblable? Justifie ta réponse.

_____

_____

_____

_____

_____

Le déterminant 🔗 ☆ ➡

Le **déterminant** est un mot qui accompagne le nom. Il est placé **devant** le nom et en reçoit le genre et le nombre. 🔗 Le déterminant peut être composé d'un mot (**le, cette, son,** etc.) ou de plusieurs mots (***tous les, la plupart des, beaucoup de,*** etc.). ☆

fém. pl.   fém. sing

Exemple : **Toutes les** <u>espèces</u> de chauves-souris vivant dans **notre** <u>province</u> sont inoffensives.

Remarques : ➡

- Devant un nom masculin commençant par une voyelle ou un *h* muet, le déterminant *ce* devient *cet. Exemples :* **cet** étranger, **cet** hameçon

- Devant un nom féminin commençant par une voyelle ou un *h* muet, les déterminants *ma, ta* et *sa* deviennent *mon, ton* et *son.*

Exemples : **mon** ennemie, **ton** histoire

---

1. a) Dans les phrases ci-dessous, relie chaque nom souligné au déterminant qui l'accompagne. Au-dessus du déterminant, inscris son genre et son nombre.

b) Entoure les déterminants formés de plusieurs mots.

    1) Beaucoup de <u>poils</u> recouvrent le <u>corps</u> du <u>yéti</u>.

    2) Toutes les <u>chauves-souris</u> du <u>Québec</u> se nourrissent d'<u>insectes</u> ou de <u>fruits</u>.

2. Entoure tous les déterminants qui peuvent accompagner les noms ci-dessous.

    a) (le, la, l', un, une, des, ce, cet, cette) habitant

    b) (le, la, l', un, une, cet, cette, ma, mon) oreille

    c) (le, la, l', un, une, des, ce, cet, cette) escalier

L'adjectif receveur d'accord

> • **L'adjectif** sert à décrire ou à préciser un <u>nom</u> ou un <u>pronom</u>. Il est placé **avant** ou **après** le nom , ou **après** le verbe *être* .
>
> *Exemple :* Le **vieux** <u>monsieur</u> près de la <u>porte</u> **enflammée** ne bouge plus. <u>Il</u> est **traumatisé.**
>
> • L'**adjectif** reçoit le genre et le nombre du <u>nom</u> ou du <u>pronom</u> qu'il complète.
>
> fém. sing. fém. sing. masc. sing.
>
> *Exemple :* Le yéti est une <u>bête</u> **solitaire.** De **grande** <u>taille</u>, <u>il</u> est également **lourd.**

1. Dans les phrases ci-dessous, chaque adjectif en caractères gras complète un nom ou un pronom. Au-dessus de chaque phrase, trace une flèche allant du nom ou du pronom vers l'adjectif qui le complète.

a) Le loup-garou est un être **humain** qui se transforme

en loup ou en une créature **semblable** à cet animal.

b) Il est très **féroce** et possède une **immense** force. Quand l'être humain

prend l'apparence d'un loup, il arbore un corps **velu** et des griffes **acérées.**

2. Dans le tableau ci-dessous, accorde chaque adjectif avec le nom ou le pronom qu'il complète.

a)	Des monstres	poilu ____	sauvage ____	captif ____	fabuleux ____
b)	Une nuit	froid ____	agité ____	horrible ____	court ____
c)	Elles sont	énervé ____	velu ____	laid ____	inquiétant ____
d)	La tempête était	violent ____	imprévu ____	déchaîné ____	rude ____
e)	Des expériences	unique ____	étonnant ____	inoubliable ____	troublant ____

Nom : _____ Date : _____

3. a) Dans l'extrait de roman ci-dessous, accorde chaque adjectif avec le nom ou le pronom qu'il complète.

b) Pour justifier tes réponses, trace une flèche allant du nom ou du pronom à l'adjectif qui le complète puis, au-dessus de l'adjectif, inscris son genre et son nombre.

Le mystère s'épaissit _____

Les portes donnant sur l'extérieur sont toutes (verrouillé) _____. Elles sont

_____   _____

(muni) _____ de (gros) _____ serrures impossibles à ouvrir sans

clef. Il s'avance vers une des portes donnant sur le hall. Il l'ouvre sans bruit et

_____   _____

pénètre dans un (vaste) _____ salon (garni) _____ de (haut)

_____   _____

_____ bibliothèques de bois sombre. Le (jeune) _____ adolescent

_____

se dirige lentement vers les quatre (grand) _____ fenêtres. Il ne peut

_____

s'empêcher de jeter, au passage, un regard (intrigué) _____ aux (vieux)

_____   _____

_____ livres qui ornent les bibliothèques. Ils sont (étrange) _____,

_____   _____   _____

(recouvert) _____ de cuir (sombre) _____ et (usé) _____.

_____

La majorité des ouvrages sont écrits en langues (étranger) _____.

■ Anne RICHTER, *Cauchemar dans la ville*, Laval, Éditions Grand Duc, 1995, p. 36-37 (Collection L'Heure Plaisir Tic-Tac).

La virgule pour séparer les éléments d'une énumération ☆

- La **virgule** est un signe de ponctuation utilisé, entre autres, pour **séparer** <u>les éléments d'une énumération</u> qui ont la même fonction dans la phrase.

- Pour séparer les deux derniers éléments d'une énumération, on utilise habituellement les mots **et** ou **ou**.

  Exemple : <u>Le yéti, le monstre du Loch Ness et les loups-garous</u> seraient des êtres légendaires.

1. Ajoute les virgules nécessaires pour séparer les éléments des énumérations dans les phrases ci-dessous.

a) La lune est belle pleine et brillante cette nuit.

b) L'inconnu a un visage maigre de longs favoris une mâchoire carrée et un menton fuyant.

c) Son visage était anguleux ses dents étaient longues et ses gencives étaient rouges.

d) De son coffre à jouets Martin sortit une épée en plastique une cape et un masque noir.

e) Le voisin m'a regardé m'a souri m'a fait un signe de la main et s'est envolé tel un fantôme.

f) L'homme fait semblant de caresser le lapin repose l'animal terrorisé dans sa cage et court vers le cimetière.

g) Pour éloigner les vampires utilise de l'ail de l'eau bénite des pieux ou des balles en argent.

h) Pendant l'hiver québécois les chauves-souris hibernent dans des grottes des tunnels des souterrains ou des maisons abandonnées.

i) La fillette découvrit son frère penché sur une petite boule noire poilue et recroquevillée devant la porte.

Nom : _____   Date : _____

2. Complète chacune des phrases ci-dessous à l'aide d'une énumération comprenant au moins trois éléments.

a) Le monstre traverse le village espérant y rencontrer _____

_____

_____.

b) Malgré la peur qui le tenaille, Martin court vers son coffre à jouets et en sort _____

_____.

c) La fillette découvrit son frère penché sur une forme _____

_____

_____.

d) L'ouverture dans le mur débouche sur une pièce _____

_____.

e) _____

_____

_____ découvrent avec stupéfaction une ville souterraine.

f) Dans mes pires cauchemars, je me bats contre _____

_____.

g) Grâce à ses puissantes griffes, la créature pouvait _____

_____

_____.

h) Cette petite bête possède également _____

_____

_____.

Des façons particulières de séparer deux phrases ⇨

Parfois, une phrase est séparée d'une autre phrase par une **virgule**
ou par des mots comme **et** ou **ou**.

Exemples : Elle laisse tomber la pomme empoisonnée sur le sol **et** referme
violemment la porte.

Acceptera-t-elle la pomme **ou** refermera-t-elle la porte au nez
de son visiteur ?

La pomme empoisonnée tombe sur le sol**,** la fillette la ramasse.

Récris les deux phrases contenues dans chacune des phrases suivantes.

a) J'avais aperçu le monstre au pied de mon lit, il tentait d'ouvrir mon coffre à jouets.

1) _____

2) _____

b) L'ogre allait poursuivre l'enfant dans les bois ou attendrait patiemment
qu'il vienne cogner à sa porte.

1) _____

2) _____

_____

c) Sophie s'approcha de la boule de cristal et en effaça
la poussière avec ses doigts.

1) _____

2) _____

d) Martin avait raison, quelque chose bougeait dans l'escalier.

1) _____

2) _____

e) Ne touche pas les chauves-souris, tu pourrais attraper la rage.

1) _____

2) _____

Conjugaison

L'indicatif imparfait ☆

> Voici les **terminaisons** des verbes qui se conjuguent comme *finir* à l'imparfait de l'indicatif.
>
> Iʳᵉ pers. sing. **-issais**   Iʳᵉ pers. pl.   **-issions**
>
> 2ᵉ pers. sing. **-issais**   2ᵉ pers. pl.   **-issiez**
>
> 3ᵉ pers. sing. **-issait**   3ᵉ pers. pl.   **-issaient**
>
> Voici les **terminaisons** des **autres verbes** à l'imparfait de l'indicatif.
>
> Iʳᵉ pers. sing. **-ais**   Iʳᵉ pers. pl.   **-ions**
>
> 2ᵉ pers. sing. **-ais**   2ᵉ pers. pl.   **-iez**
>
> 3ᵉ pers. sing. **-ait**   3ᵉ pers. pl.   **-aient**

a) Dans les phrases ci-dessous, conjugue les verbes
à l'imparfait de l'indicatif à la personne demandée.

b) Entoure leurs terminaisons.

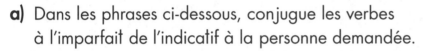

   1) Violaine et moi (aller, Iʳᵉ pers. pl.) _____ découvrir qui se cachait
   derrière le masque.

   2) Les pierres tombales (être, 3ᵉ pers. pl.) _____ toutes illisibles.

   3) Victor et toi (aimer, 2ᵉ pers. pl.) _____ raconter des histoires
   de vampires.

   4) C'est toi qui (choisir, 2ᵉ pers. sing.) _____ où concentrer
   nos recherches.

   5) La nuit (aller, 3ᵉ pers. sing.) _____ être longue.

   6) J'(aimer, Iʳᵉ pers. sing.) _____ plus que tout faire la chasse
   aux vampires.

   7) Tu (avoir, Iʳᵉ pers. sing.) _____ peur des araignées.

   8) Toi et moi (être, Iᵉ pers. pl.) _____ morts de peur.

Ma créature

Deux créatures fantastiques se rencontrent pour la première fois. Curieuses, elles s'interrogent sur leurs meilleurs exploits, sur leurs « trucs » pour apeurer les adultes et les enfants, sur leurs projets…

Imagine leur discussion et présente-la sous la forme d'un dialogue.
Pense à employer les tirets pour indiquer le changement de personne qui parle.

_____

_____

_____

_____

_____

_____

_____

_____

_____

_____

_____

_____

Réponds à chacune des questions ci-dessous en cochant (☑) la ou les bonnes réponses.

1. Donne le genre et le nombre du déterminant souligné. 🔗

L'épouvantable souris.

☐ fém. sing.   ☐ fém. pl.   ☐ masc. sing.   ☐ masc. pl.

2. Coche le mot qui est complété par l'adjectif souligné dans la phrase suivante. ☆

Quand tombe la nuit, elle est capable de tout dévorer sur son passage.

☐ tombe   ☐ nuit   ☐ elle   ☐ passage

3. Complète la règle. ☆

L'adjectif reçoit le genre et le nombre _____ ou _____
qu'il complète.

☐ du déterminant   ☐ du nom   ☐ du verbe   ☐ du pronom

4. Relève le mot qui peut être remplacé par un adjectif dans la phrase suivante. ☆

Géraldine avait les oreilles pointues.

☐ pointues   ☐ oreilles   ☐ les   ☐ Géraldine

5. Indique le mot après lequel il manque une virgule dans la phrase suivante. ☆

*La femme avait le teint vert de longs cheveux ternes et un grain de beauté
au menton.*

☐ femme   ☐ vert   ☐ longs   ☐ ternes

6. Relève le mot qui pourrait être remplacé par une virgule dans la phrase suivante. ➡

*Le bonhomme Sept heures enlève les enfants et on ne sait pas
ce qu'il fait d'eux.*

☐ enfants   ☐ eux   ☐ et   ☐ pas

7. Conjugue le verbe *obéir* à la 2ᵉ personne du singulier de l'imparfait
de l'indicatif. ☆

☐ Tu obéiras   ☐ Tu obéissait   ☐ Tu obéissais   ☐ Tu obéis

8. Coche le verbe conjugué à l'imparfait de l'indicatif. ☆

☐ Nous glissons   ☐ Nous finissions   ☐ Nous irons   ☐ Nous sommes

Vocabulaire

Les légendes urbaines sont souvent racontées par une personne de confiance qui la tient d'une autre personne de confiance.

Trouve les réponses aux « Qui suis-je ? » ci-dessous afin de découvrir des gens de confiance dans ton entourage, particulièrement dans ta famille. Complète chaque réponse en écrivant les consonnes manquantes.

Qui suis-je ?

a) Je suis l'enfant de sexe masculin de papa et maman.
Je suis leur __ i __ __.

b) Je suis la mère de ton père ou de ta mère.
Je suis ta __ __ a __ __ – __ è __ e.

c) Je suis le frère de ta mère ou de ton père.
Je suis ton o __ __ __ e.

d) Je suis marié à une femme.
Je suis le __ a __ i de cette femme.

e) Tu es mon filleul ou ma filleule.
Je suis ton __ a __ a i __.

f) Tu es mon filleul ou ma filleule.
Je suis ta __ a __ a i __ e.

g) Je suis le père de ton père ou de ta mère.
Je suis ton __ __ a __ __ – __ è __ e.

h) Je suis l'enfant de sexe féminin qui a la même mère et le même père que toi.
Je suis ta __ o e u __.

i) Nous sommes des personnes de sexe masculin qui ont un lien de parenté avec toi (oncle, cousin, grand-père, etc.).
Nous sommes des __ a __ e __ __.

Intention de lecture : *Lis le texte suivant afin de découvrir des caractéristiques du monstre marin Memphré.*

Le mystérieux monstre du lac

Changement de décor

— Ara, parle-nous donc un peu de la grosse bête qui fait sensation dans ta classe, dit Marie-Laurence. On en a entendu parler un peu en 6ᵉ année par Grégoire et d'autres élèves, mais on voudrait en savoir plus. Il paraît qu'elle vit dans le lac au bord duquel se trouve le chalet que mes parents ont loué.

— Hum ! Bien sûr que je peux vous en parler. C'est fascinant, vous savez.

— On est tout ouïe, Ara, mon beau perroquet, ricane Anaïs.

— Hum ! Hum ! Vous savez les amis, les choses insolites m'ont toujours passionné. Je m'intéresse particulièrement aux créatures bizarres et étranges…

— Et ça commence le matin, dès qu'il se regarde dans un miroir, coupe Anaïs qui n'a pu s'empêcher de saisir l'occasion.

Tout le monde se met à rire, sauf Ara toujours plongé dans ses réflexions.

— Arrête donc, Anaïs, finit par dire Marie-Laurence. Continue Ara !

— Hum ! Je voulais faire une recherche sur les monstres marins. J'avais pensé la faire sur Nessie, le fameux serpent de mer du Loch Ness en Écosse. Puis, en faisant des recherches, j'ai constaté qu'ici même, au Québec, plusieurs personnes avaient vu, paraît-il, des monstres marins à différents endroits. On parlait de Ponik, le monstre du lac Pohénégamook, situé à la frontière du Québec et du Maine. Il y avait aussi Champ, le légendaire monstre marin du lac Champlain. J'ai finalement choisi Memphré, un serpent de mer qui vivrait dans le lac Memphrémagog. C'est surprenant toute l'information que j'ai pu trouver !

— Comme quoi ? demande Marie-Laurence de plus en plus intéressée.

— Hum ! D'abord, ce n'est pas d'hier que les gens disent avoir vu cette étrange créature. On trouve des témoignages qui remontent à 180 ans. Même les Amérindiens qui habitaient sur les rives de ce lac à cette époque évitaient de s'y baigner. Ils avaient peur d'être surpris par le serpent de mer.

— Elle a l'air de quoi ta bibitte aquatique ? demande Anaïs, intriguée.

— Hum ! Vous savez, on a relevé 215 apparitions jusqu'à maintenant. D'après plusieurs témoignages, cette créature mesurerait de 15 à 20 mètres de long et elle aurait l'allure d'un serpent de mer. Elle serait noire et luisante, avec des yeux proéminents. Elle se déplacerait en ondulant sur l'eau et émettrait des sons bizarres.

— C'est très intrigant, cette histoire de monstre marin, n'est-ce pas ? dit Grégoire à ses parents.

Ceux-ci acquiescent en hochant la tête.

— Hum ! Il y a des personnes sérieuses qui se sont intéressées à Memphré. Le Dr Heuvelmans, une sommité mondiale en cryptozoologie (c'est l'étude des animaux cachés), s'est prononcé sur l'authenticité probable du monstre marin. D'ailleurs, à Magog, M. Jacques Boisvert, expert en plongée sous-marine, a fondé la Société internationale de dracontologie (c'est une branche de la cryptozoologie) du lac Memphrémagog. C'est lui qui a baptisé officiellement l'étrange créature « Memphré ». Il recueille tous les témoignages concernant le monstre marin et tente de déterminer si l'animal est réel ou légendaire. Vous pouvez même consulter son site Internet. Vous apprendrez bien d'autres choses.

■ Yvan PELLETIER,
Le mystérieux monstre du lac,
Laval, Éditions Grand Duc,
1995, p. 22-26
(Collection L'Heure Plaisir
Tic-Tac).

Nom : ______________________________ Date : ______________

Je comprends ce que je lis

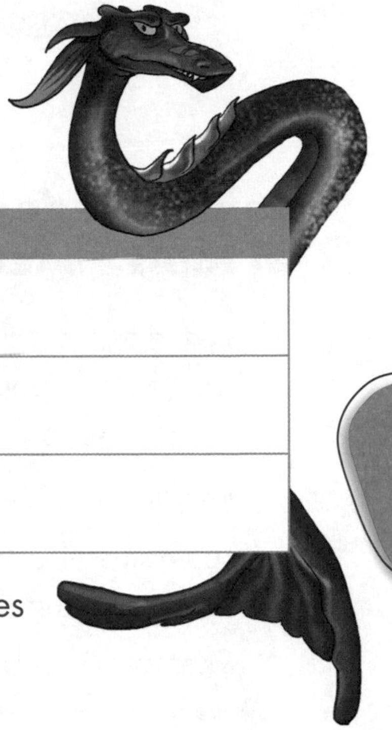

1. Remplis la fiche informative ci-dessous, qui porte sur le monstre du lac Memphrémagog.

MONSTRE DU LAC MEMPHRÉMAGOG			
Nom :		Façon de bouger :	
Apparence générale :		Taille :	
Couleur :		Yeux :	

2. Ara dit être passionné par les choses insolites. Toi, les choses insolites te fascinent-elles ? Pourquoi ?

____

____

____

3. Nomme les trois amis d'Ara.

____

4. Que laisse sous-entendre Anaïs lorsqu'elle dit : « Et ça commence le matin, dès qu'il se regarde dans un miroir » ?

____

____

____

5. À ton avis, ce texte convient-il à un ou une élève de ton âge ? Justifie ta réponse.

____

____

____

____

Nom : _____   Date : _____

Grammaire

Le pluriel des noms et des adjectifs : règle générale et mots se terminant par un *-s*, un *-x* ou un *-z*

- En général, pour écrire un nom ou un adjectif au pluriel, on ajoute un **s** à sa forme au singulier.

  Exemple : une légende urbaine ⟶ des légende**s** urbaine**s**

- Les noms et adjectifs qui se terminent par **-s, -x** et **-z** s'écrivent de la **même façon au pluriel.** Le déterminant indique leur nombre.

  Exemples : un ba**s** pri**x** ⟶ des ba**s** pri**x**   un ne**z** ⟶ des ne**z**

Mets au pluriel les groupes du nom en caractères gras dans les phrases ci-dessous. Suis les règles présentées ci-dessus pour former le pluriel des noms et des adjectifs.

a) Voici **une brebis célèbre.** _____

b) Vois-tu **un faux nez** ? _____

c) Il faut **un bois épais.** _____

d) Elles ont fait **un choix heureux.** _____

e) Accueillez **le futur ingénieur.** _____

f) J'entends **une voix céleste.** _____

g) Nous lisons **une légende émouvante.** _____

h) Voici **un avis écrit.** _____

i) Vous participez à **un concours prestigieux.** _____

j) Je préfère **le riz sauvage.** _____

k) Tu rêves de vivre dans **un somptueux palais.** _____

l) Ajoute **une noix hachée.** _____

Le pluriel des noms et des adjectifs : mots se terminant par *-au, -eau, -eu* et *-ou*

- On forme le pluriel des noms et des adjectifs se terminant par *-au, -eau* et *-eu* en leur ajoutant un **x.**

  Exemple : un nouv**eau** matéri**au** ⟶ des nouv**eaux** matéri**aux**

Exceptions : un land**au** ⟶ des land**aus**	un pn**eu** ⟶ des pn**eus**
un bl**eu** ⟶ des bl**eus**	un sarr**au** ⟶ des sarr**aus**
un ém**eu** ⟶ des ém**eus**	

- On forme le pluriel des noms et des adjectifs se terminant par *-ou* en leur ajoutant un **s.**

  Exemple : un carib**ou** f**ou** ⟶ des carib**ous** f**ous**

Exceptions : un bij**ou** ⟶ des bij**oux**	un caill**ou** ⟶ des caill**oux**
un p**ou** ⟶ des p**oux**	un jouj**ou** ⟶ des jouj**oux**
un gen**ou** ⟶ des gen**oux**	un hib**ou** ⟶ des hib**oux**
un ch**ou** ⟶ des ch**oux**	

Mets les noms et les adjectifs en caractères gras suivants au pluriel.
Suis les règles présentées ci-dessus.

a) des **beau** ___ **pneu** ___

b) les **cheveu** ___ **bleu** ___

c) des **cou** ___ robustes

d) des **caillou** ___ gris

e) des **émeu** ___ sauvages

f) des **agneau** ___ gras

g) des **pieu** ___ peints

h) des **vœu** ___ chaleureux

i) des **aveu** ___ sincères

j) des **chou** ___ **mou** ___

k) des **vaudou** ___ **fou** ___

l) des **jeu** ___ dangereux

m) de gros **pou** ___

n) des **clou** ___ tordus

o) des **corbeau** ___ monstrueux

p) de **nouveau** ___ **sarrau** ___

Le pluriel des noms et des adjectifs : mots se terminant par *-al* et *-ail* ☆

- On forme le pluriel des noms en *-ail* en leur ajoutant un **s.**

  Exemples : un chand**ail** ⟶ des chand**ails**   un m**ail** ⟶ des m**ails**

Exceptions :		
un b**ail** ⟶ des b**aux**	un ém**ail** ⟶ des ém**aux**
un trav**ail** ⟶ des trav**aux**	un cor**ail** ⟶ des cor**aux**
un soupir**ail** ⟶ des soupir**aux**	un vitr**ail** ⟶ des vitr**aux**

- Les noms et les adjectifs dont la terminaison est *-al* au singulier se terminent par *-aux* au pluriel.

  Exemple : un chev**al** amic**al** ⟶ des chev**aux** amic**aux**

  Exceptions :

un chac**al** ⟶ des chac**als**	un cérémoni**al** ⟶ des cérémoni**als**	
un carnav**al** ⟶ des carnav**als**	un b**al** ⟶ des b**als**	un festiv**al** ⟶ des festiv**als**
un récit**al** ⟶ des récit**als**	nav**al** ⟶ nav**als**	nat**al** ⟶ nat**als**
un rég**al** ⟶ des rég**als**	ban**al** ⟶ ban**als**	banc**al** ⟶ banc**als**
un rorqu**al** ⟶ des rorqu**als**	fat**al** ⟶ fat**als**	

Mets les groupes du nom suivants au pluriel. Suis les règles ci-dessus pour former le pluriel des noms et des adjectifs.

a) un détail anormal _____

b) un carnaval régional _____

c) un travail colossal _____

d) un animal brutal _____

e) un épouvantail original _____

f) un régal matinal _____

g) le rail central _____

h) un festival ancestral _____

i) un mail commercial _____

j) un local familial _____

Le pluriel des noms et des adjectifs : récapitulation ☆

Complète les phrases suivantes en mettant les groupes du nom entre parenthèses au pluriel.

a) Ce sont très souvent (la croyance populaire) _____
qui façonnent (la légende) _____.

b) (L'homme naïf) _____ ne pensèrent pas à lire
(le curieux détail) _____ du contrat.

c) La rumeur prétend que (un morceau) _____
du pont ont servi à forger (une bague) _____
pour (le futur ingénieur) _____.

d) Malgré (un genou endolori) _____ par (le clou
pointu) _____ qui dépassaient, les employés reprirent
(le travail colossal) _____.

e) (L'animal) _____ ont toujours été (un professeur fabuleux)
_____ pour
(la tribu amérindienne) _____.

f) Lukina portait une affection particulière à (un oiseau bleu) _____
_____ qui lui dédiaient (leur récital matinal) _____
_____.

g) Après avoir menacé Éloïse de la visite du bonhomme Sept-Heures, papa déposa
(un bisou) _____ sur (son beau cheveu) _____.

h) Il aperçut (le gros chacal) _____ qui déambulaient
sur (le caillou) _____.

i) (Le temps) _____ ont changé, racontait-elle : alors qu'autrefois
(la légende) _____ se transmettaient de bouche à oreille,
de nos jours, elles se répandent aussi rapidement que
(le virus grippal) _____.

La fonction complément du nom (adjectif) ☆

- Le **complément du nom** est un mot ou un groupe de mots qui **donne une caractéristique au nom** ou qui **en précise le sens**. À l'exception de l'adjectif, qui peut se trouver devant le nom, le complément du nom suit généralement le nom noyau. Le complément du nom est une expansion du <u>groupe du nom</u> (GN), il fait donc partie du GN.

- Le complément du nom est souvent un adjectif. L'**adjectif** qui complète un nom **reçoit le genre et le nombre** de ce nom.

  Exemple : <u>Ce **beau** pays</u> était habité par <u>des tribus **amérindiennes.**</u>

                masc. sing.   fém. pl.

Récris les phrases ci-dessous en complétant chaque groupe du nom en caractères gras par un adjectif. Fais les accords nécessaires.

Exemple : La légende prétend que **la fille** souffre d'une **maladie.**

> *La légende prétend que la **jeune** fille souffre d'une maladie **rare.***

a) Nous avons patienté longtemps avant que **l'homme** accepte de sortir de **la voiture.**

_____

_____

b) **Des cris** alertèrent **les campeurs.**

_____

c) Le monstre marin avait **un corps, une carapace** et **des yeux.**

_____

_____

d) La dernière fois qu'on avait aperçu **cette femme,** elle affichait **un sourire.**

_____

_____

La fonction complément du nom (*à* ou *de* + GN) ⇨

> Un groupe du nom (GN) introduit par la préposition *à* ou *de/d'* peut également occuper la fonction de **complément du nom.**
>
> *Exemple :* De la fenêtre <u>**de sa chambre**</u>, elle voyait la maison <u>**à treize étages.**</u>

Complète la légende du pont de Québec en ajoutant un complément du nom à chaque groupe du nom souligné. Utilise les mots dans l'encadré.

> - à ses lèvres
> - de l'homme
> - de l'inauguration
> - de la structure
> - de plusieurs ouvriers
> - de Québec
> - de sa construction
> - de son premier passant

La légende du pont de Québec

Certains prétendent que <u>le pont</u> _____ aurait été construit par le diable. Il est vrai qu'<u>au début</u> _____ ce fut difficile. Des accidents causèrent <u>la mort</u> _____.

Un jour, un étrange personnage demanda à voir le contremaître. Prétendant être un ingénieur, il promit que le pont se terminerait sans aucune autre catastrophe à condition qu'on lui réserve <u>l'âme</u> _____. Ne croyant pas trop <u>aux histoires</u> _____, le contremaître accepta et les travaux reprirent.

<u>Le jour</u> _____, l'homme bizarre se pointa sur les lieux sans prévenir, <u>un étrange sourire</u> _____. Paniqué, le contremaître courut chez lui prendre son chat noir et revint. Avant que quiconque puisse traverser le pont, le contremaître fit avancer son chat. Arrivé <u>au milieu</u> _____, le chat disparut subitement. Il comprit aussitôt que l'étrange ingénieur était en fait le diable.

Le complément du nom : sa position et son caractère facultatif ☆

> - Les mots jouant le rôle de **complément du nom** se placent après le <u>nom</u> qu'ils complètent à l'exception de l'**adjectif,** qui peut aussi être placé devant ce nom.
>
>   *Exemple :* Une **nouvelle** <u>légende</u> **urbaine** fait rage dans nos <u>boîtes</u> **de courriels.**
>   (adj.)   (adj.)   (*de* + GN)
>
> - Le complément du nom n'est pas obligatoire, il peut donc être **effacé.**
>
>   *Exemple :* Une ~~nouvelle~~ légende ~~urbaine~~ fait rage dans nos boîtes ~~de courriels.~~

Démontre le caractère facultatif du complément du nom en biffant les compléments du nom dans les groupes du nom en caractères gras dans les phrases suivantes.

a) À cette époque, les gens vivaient surtout **du travail de la ferme.**

b) Dès **le début de l'hiver,** les hommes quittaient leur famille pour travailler au loin.

c) Cette année-là, **au camp de bûcherons,** le remplaçant du cuisinier proposa à trois hommes de voyager en chasse-galerie pour rejoindre leur famille et célébrer avec elle **la fête de Noël.**

d) La nuit était tombée et **la grande fête religieuse** allait commencer dans moins d'une heure.

e) Ils s'installèrent dans **le canot volant,** puis ils prononcèrent **la formule magique.**

f) Ils fêtèrent toute la nuit avec **les membres de leur famille.**

g) Le lendemain, **le nouveau cuisinier** brandit fièrement **ses cornes recourbées** et **sa fourche de diable.**

h) Ils eurent droit à **une balade infernale** qui les conduisit vers **les feux de l'enfer.**

i) Voulant éviter de brûler en enfer, **les trois courageux hommes** sautèrent sur le diable.

j) Après **une terrible lutte,** ils réussirent à jeter **le passager démoniaque** par-dessus bord.

Nom : _____   Date : _____

La fonction complément du nom : récapitulation ⭐ ➡️

Récris les phrases ci-dessous en remplaçant les compléments du nom en caractères gras par des compléments du nom de ton choix :

a) si le complément du nom est un adjectif, remplace-le par un groupe du nom précédé de *à* ou *de* ;

b) si le complément du nom est un groupe du nom précédé de *à* ou *de*, remplace-le par un adjectif.

> *Exemples :* Ce monstre **marin,** c'est une histoire **inventée.**
>
> *Ce monstre **à trois têtes,** c'est une histoire **de peur.***
>
> *Anaïs est réveillée par des cris **de Marie-Laurence.***
>
> *Anaïs est réveillée par des cris **assourdissants.***

1) Elles aperçoivent l'ombre **de Memphré.**

_____

_____

2) Je me faisais plus prudente qu'un animal **poursuivi.**

_____

_____

3) Ne crois pas en ces légendes **de la préhistoire.**

_____

4) Des enfants ont disparu après être entrés dans cet édifice **de 13 étages.**

_____

_____

5) Quelqu'un tentait d'ouvrir la porte **de ma chambre.**

_____

Conjugaison

Les verbes *finir* et *aller* à l'indicatif présent ☆

FINIR

Ire pers. sing.	Je fin**is**		Ire pers. pl.	Nous finiss**ons**
2e pers. sing.	Tu fin**is**		2e pers. pl.	Vous finiss**ez**
3e pers. sing.	Il / Elle, On fin**it**		3e pers. pl.	Ils / Elles finiss**ent**

ALLER

Ire pers. sing.	Je vais		Ire pers. pl.	Nous allons
2e pers. sing.	Tu vas		2e pers. pl.	Vous allez
3e pers. sing.	Il / Elle, On va		3e pers. pl.	Ils / Elles vont

1. À quelles personnes le verbe *finir* présente-t-il les mêmes terminaisons à l'indicatif présent ? _____

2. a) À quelles personnes le verbe *finir* se prononce-t-il de la même façon à l'indicatif présent ? _____

_____

b) Quelles sont les terminaisons de ces personnes ? _____

c) Trouve une façon efficace de mémoriser les terminaisons de ces personnes. En quelques lignes, explique ton « truc ».

_____

_____

3. Que remarques-tu en observant le radical du verbe *aller* à l'indicatif présent aux Ire, 2e et 3e personnes du singulier ainsi qu'à la 3e personne du pluriel ?

_____

_____

Une légende inventée

Choisis un lac du Québec ou inventes-en un et donne-lui un nom. Imagine que, selon une légende, un monstre marin vit dans ce lac. Trouve-lui un nom original. En un paragraphe, raconte la légende du monstre de ce lac : qui a croisé le monstre ? Dans quelles circonstances ? Que fait-il de particulier ?

Utilise des pronoms, des synonymes et des mots génériques afin de ne pas répéter toujours les mêmes termes.

_____

_____

_____

_____

_____

_____

_____

_____

_____

_____

_____

Nom : _____ Date : _____

Réponds à chacune des questions suivantes en cochant (☑) la ou
les bonnes réponses.

1. Quels mots s'écrivent de la même façon au singulier et au pluriel ? ☆

☐ heureux ☐ avis ☐ oiseau ☐ nez

2. Quels mots prennent un *s* au pluriel ? ☆

☐ bleu ☐ clou ☐ cheval ☐ détail

3. Quels mots se terminent par *–aux* au pluriel ? ☆

☐ travail ☐ amical ☐ bal ☐ festival

4. Relève le complément du nom dans la phrase suivante. ☆

As-tu entendu parler de cette légende urbaine ?

☐ cette légende urbaine ☐ cette ☐ légende ☐ urbaine

5. Relève le complément du nom dans la phrase suivante. ➡

Le début de cette histoire vous fera frémir.

☐ de cette histoire ☐ le ☐ début ☐ cette

6. Après quel mot peut-on ajouter un complément du nom dans la phrase
suivante ? ➡

En se levant, il laisse tomber une clé.

☐ levant ☐ laisse ☐ tomber ☐ clé

7. Quelle est la conjugaison du verbe *finir* à la 3e personne du singulier
de l'indicatif présent ? ☆

☐ Il / Elle, On finira ☐ Il / Elle, On finit
☐ Il / Elle, On finissait ☐ Ils / Elles finissent

8. Coche les verbes conjugués à l'indicatif présent. ☆

☐ Tu allais ☐ Tu vas ☐ Vous allez ☐ Ils / Elles vont

CHAPITRE D Du coq à l'âne

Vocabulaire

Les syllabes en folie

Trouve le synonyme de chaque mot ou expression entre parenthèses
dont les syllabes sont présentées dans le désordre.

a) Avant de (envoyer) cer lan _____ un astronaute dans l'espace,
la NASA y a envoyé un chimpanzé.

b) Le propriétaire va (préciser) pli ex quer _____ au vétérinaire
le (difficulté) blè me pro _____ vécu par son animal.

c) La vétérinaire s'occupe de (traiter) gner soi _____ les animaux.

d) Il faut (à peu près) ron vi en _____ 20 minutes pour ausculter
un animal.

e) Les agents de conservation de la faune du Québec prêtent une (surveillance)
ten at tion _____ particulière à la protection de l'ail des bois,
une espèce de plante vulnérable des forêts du sud du Québec.

f) Certains chimpanzés utilisent des marteaux ou des enclumes en (roche) re pier
_____ ou en bois pour (briser) ser cas _____ des noix.

g) La patience est une qualité (nécessaire) tan por im te _____ pour
faire de la recherche.

h) Aujourd'hui, la plupart des primates
de laboratoire sont utilisés pour
étudier les (problèmes de santé)
ma dies la _____ humaines.

Intention de lecture : *Lis le texte suivant afin de découvrir le mystérieux mal qui affecte la salamandre rose.*

Le mal mystérieux de la salamandre à quatre orteils

Chapitre 3 – Un drôle de vétérinaire

Le docteur Salesse est très gentil. Sa peau est couleur d'ébène et ses dents sont aussi blanches et droites que les notes d'un piano. Il roule ses yeux noirs comme des boules de billard. De plus, il a un accent amusant.

— Ne crains rien, petite Faharid !

— C'est Ingrid, mon nom !

— Excuse-moi, Ingrid. Ne t'en fais pas, je vais bien examiner ta salamandre.

Je découvre Victor qui attend patiemment depuis tout à l'heure, enveloppé dans une serviette. Stéphanie raconte alors :

— C'est moi qui ai vu Victor la première. Ingrid pensait que sa queue verte était une feuille d'épinard.

Le vétérinaire commence à parler doucement à Victor pour lui inspirer confiance.

— Il est malade, le petit Totor-à-sa-mademoiselle-Imelda. Guili-guili-guili…

Il plonge le thermomètre sous la queue de Victor et attend quelques secondes.

— Tout est normal de ce côté !

Il examine les pattes de Victor, lui palpe le ventre, regarde ses yeux avec une petite lampe de poche et tente de lui ouvrir la gueule.

— Parfois, ces petites bêtes-là ont quelque chose qui leur obstrue le gosier. Alors, elles ne peuvent plus rien avaler et se laissent mourir. Quoique… cela n'expliquerait pas qu'elle verdisse comme une pelouse au printemps, ouistiti !

Victor finit par ouvrir la bouche.

— Coucou ! là-dedans ! lance le docteur Salesse. La voie est parfaitement libre !

Maman s'affole.

— Ça ne serait pas la nourriture que les filles lui ont préparée ?

— Mais non, maman. J'ai suivi à la lettre les directives de tante Imelda. Des carottes râpées et des insectes séchés, ceux qu'elle garde dans le pot bleu.

— Hou là là ! Malheur de malheur ! Des insectes séchés ! Mais voilà l'affaire, s'écrie le vétérinaire. Je suis certain que tu aurais les mains et le bout du museau verts si tu mangeais des criquets séchés, ma chère Irène ! s'exclame-t-il en me donnant une pichenette sur le bout du nez.

L'histoire

La tante Imelda de Jubinville a confié à sa nièce Ingrid la garde de ses animaux exotiques durant son voyage de noces au Pérou. Un mal mystérieux frappe soudainement Victor, la salamandre rose à quatre orteils. En compagnie de sa mère et de son amie Stéphanie, Ingrid se rend chez le vétérinaire.

Puis, il se met à rire devant mon grand embarras.

— Elle s'appelle Ingrid, lui répète Stéphanie.

Quelques minutes s'écoulent pendant que le docteur regarde, ausculte, tâte, scrute et observe. Il ne fait pas le moindre commentaire. Il se tient le menton et passe sa main sur ses jolies boucles crépues. Il soupire pour la dixième fois. Victor agite doucement la queue en signe d'impatience.

— Bon. Je pense que tu devras me laisser Victor pour quelques jours, ma petite Sandrine.

— C'est In-grid ! dit cette fois ma mère en riant.

Don Salesse fait un clin d'œil à maman pour lui signifier qu'il ne faisait que m'agacer. Le vétérinaire connaît bien mon nom, mais il aime s'amuser.

— Je vais garder Victor en observation. Je vais prendre des radiographies et trifouiller dans mes livres de médecine. Puis, je consulterai la doctoresse Manucci, une vieille consœur. Je dois bien ça à Mlle de Jubinville, n'est-ce pas ma jolie Gertrude, euh… ma jolie Ingrid ?

Je ris, et Stéphanie s'y met aussi. […]

■ Francine ALLARD,
Le mal mystérieux de la salamandre à quatre orteils,
Laval, Éditions Grand Duc, 1995, p. 17-25
(Collection L'Heure Plaisir Tic-Tac).

Je comprends ce que je lis

1. Décris le mystérieux mal qui affecte la salamandre rose.

_____

_____

2. Aimerais-tu avoir une salamandre comme animal domestique ? Pourquoi ?

_____

_____

_____

3. Relève cinq gestes que fait le vétérinaire dans le but de connaître la maladie qui affecte la salamandre.

_____

_____

_____

_____

_____

4. Pourquoi Ingrid et Stéphanie se mettent-elles à rire à la toute fin du texte ?

_____

_____

5. À ton avis, la façon de procéder du vétérinaire pour examiner la salamandre est-elle réaliste ? Pourquoi ?

_____

_____

_____

Grammaire

Le féminin des noms et des adjectifs : règle générale et mots en *-e, -f, -er* et *-eau*

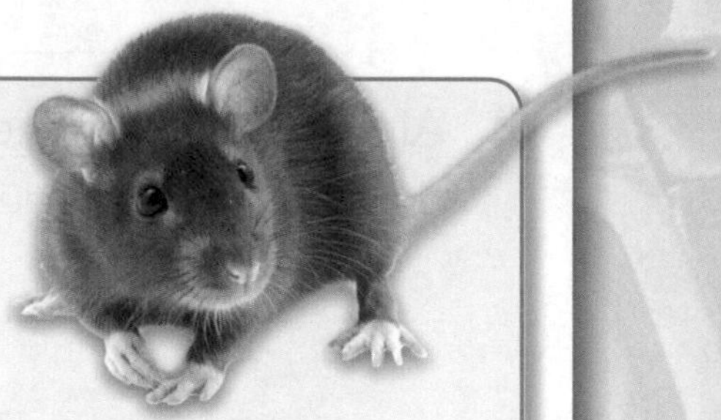

- En général, pour mettre au féminin un nom ou un adjectif au masculin, on lui ajoute un ***e.***
  Exemple : un rat ⟶ une rat**e**
- Les noms et adjectifs qui se terminent par **-e** au masculin s'écrivent de la **même façon au féminin.**
  Exemple : un artist**e** pauvr**e** ⟶ une artist**e** pauvr**e**
- Les noms et adjectifs qui se terminent par ***-f, -er*** ou ***-eau*** au masculin font ***-ve, -ère*** et ***-elle*** au féminin.
  Exemple : un b**eau** ferm**ier** naï**f** ⟶ une b**elle** ferm**ière** naï**ve**

Exception : bre**f** ⟶ brè**ve**

Mets au féminin les noms et les adjectifs dans les groupes du nom suivants en respectant les règles présentées ci-dessus.

a) un ours fier ______________________

b) un éléphant adulte ______________________

c) un chameau errant ______________________

d) André, le vétérinaire bavard ______________________

e) un cavalier droitier ______________________

f) un agneau naïf ______________________

g) un animalier agressif ______________________

h) un pâtissier blessé ______________________

i) un jumeau timide ______________________

j) un fermier passif ______________________

k) un assistant irrité ______________________

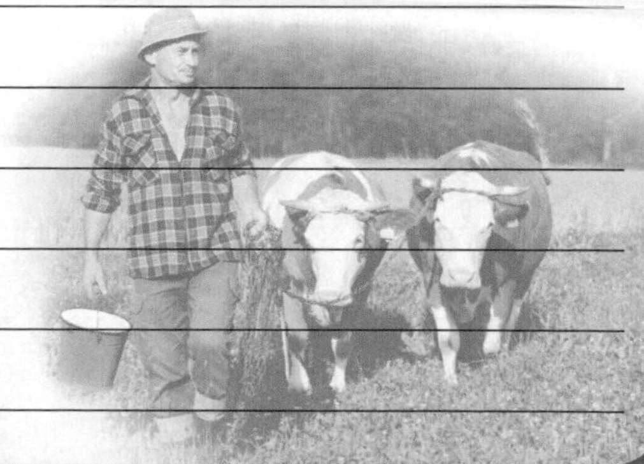

Le féminin des noms et des adjectifs : mots en *-s, -en, -on, -et, -eil* et *-el* ☆

On forme le féminin des noms et adjectifs qui se terminent par **-s, -en, -on, -et, -eil** et **-el** au masculin en doublant leur consonne finale et en ajoutant un **e**.

Exemples : un chi**en** glout**on** ⟶ une chie**nne** glout**onne**   Dani**el** ⟶ Dani**elle**
un Bret**on** ⟶ une Bret**onne**   verm**eil** ⟶ verm**eille**
un colon**el** coqu**et** ⟶ une colon**elle** coqu**ette** gro**s** ⟶ gro**sse**

Exceptions : compl**et** ⟶ compl**ète** incompl**et** ⟶ incompl**ète**
inqui**et** ⟶ inqui**ète**   discr**et** ⟶ discr**ète**
indiscr**et** ⟶ indiscr**ète**
secr**et** ⟶ secr**ète**

Mets au féminin les noms et adjectifs entre parenthèses suivants en respectant les règles présentées ci-dessus.

a) La (diététicien indiscret) _____ ne croit pas en
la maladie de ma cigale (grassouillet) _____.

b) L'entrée du zoo est surveillée par (Gabriel) _____,
une (gardien muet) _____.

c) Une (criminel fanfaron) _____ a peint des
étoiles (violets) _____ sur la fourrure de la lionne.
On n'avait jamais vu une chose (pareil) _____!

d) Il ne reste que deux jours pour vous inscrire à la fête (annuel)
_____ des animaux en voie d'extinction.

e) Une fourmi (inquiet) _____ craint les substances
(naturels) _____ qu'utilise cette (professionnel)
_____ en extermination des insectes nuisibles.

f) Même une femelle (daltonien) _____ n'aurait pas
su résister au plumage de couleur (vermeil) _____
des mâles de l'espèce.

Le féminin des noms et des adjectifs : mots en *-eur,* *-eux* et *-teur* ☆

- Les noms et adjectifs qui se terminent par *-eur* et *-eux* au masculin se terminent par *-euse* au féminin.

- Les noms et adjectifs qui se terminent par *-teur* au masculin se terminent par *-trice* au féminin.

  Exemples : un coiff**eur** boud**eur** → une coiff**euse** boud**euse**

  un ac**teur** malheur**eux** → une ac**trice** malheur**euse**

Quelques exceptions : extér**ieur** → extér**ieure**	infér**ieur** → infér**ieure**
intér**ieur** → intér**ieure**	maj**eur** → maj**eure**
meill**eur** → meill**eure**	min**eur** → min**eure**
supér**ieur** → supér**ieure**	veng**eur** → veng**eresse**
chan**teur** → chan**teuse**	men**teur** → men**teuse**
vi**eux** → vi**eille**	

  N'hésite pas à consulter le dictionnaire pour découvrir d'autres exceptions.

Mets au féminin les noms et adjectifs dans les groupes du nom suivants en respectant les règles présentées ci-dessus.

a) le meilleur animateur _____

b) un amoureux menteur _____

c) un dompteur batailleur _____

d) un séducteur majeur _____

e) un directeur courageux _____

f) un visiteur silencieux _____

g) un vieux moniteur _____

h) un chanteur généreux _____

i) un observateur peureux _____

j) un facteur sérieux _____

Des noms et des adjectifs qui ont une forme particulière au féminin ☆

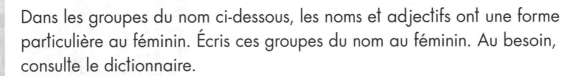

Certains noms et adjectifs ont une forme particulière au féminin.

Exemple : un frère roux ⟶ une sœur rousse

Dans les groupes du nom ci-dessous, les noms et adjectifs ont une forme particulière au féminin. Écris ces groupes du nom au féminin. Au besoin, consulte le dictionnaire.

a) un copain franc _____

b) un dieu grec _____

c) un mari doux _____

d) un compagnon malin _____

e) un monsieur frais _____

f) un grand-père métis _____

g) un oncle paysan _____

h) un gentil garçon _____

i) un roi fou _____

j) un vieux serviteur _____

k) un faux héros _____

l) son neveu favori _____

m) un faux mâle _____

n) un empereur turc _____

La fonction sujet ➡

> Le **sujet** est un **constituant obligatoire** de la phrase, sauf dans la phrase impérative. Il indique **de qui** ou **de quoi on parle** dans la phrase. Habituellement, le sujet est un **groupe du nom** ou un **pronom de conjugaison** et il est **placé** juste **avant** le prédicat (groupe du verbe).
>
> *Exemple :* **Le chat** taquinait le rat insouciant.
>   sujet   prédicat

Observe les sujets en caractères gras dans les phrases ci-dessous. Au-dessus de chacun d'eux, indique s'il s'agit d'un groupe du nom (GN) ou d'un pronom (pron.).

a) **Le rat** est un mammifère rongeur.

b) **Il** vit en groupe de plusieurs familles.

c) **La hiérarchie** occupe une place importante au sein d'une société de rats.

d) **Les sociétés de rats** comptent toujours des groupes de dominants.

e) **Les rates** ont environ huit ratons par portée.

f) **Elles** peuvent avoir plusieurs portées par année.

g) **Les rats** transmettent des maladies.

h) **On** utilise des rats d'élevage pour détecter les mines dans certains pays africains.

Identifier le sujet dans une phrase ➡

Pour identifier le <u>sujet</u> dans une phrase, on repère le mot ou le groupe de mots dont :

- l'**encadrement** par l'expression *C'est… qui* ou *Ce sont… qui* est **possible** ;
  Exemple : ^{C'est} <u>Le chat</u> ^{qui} dort beaucoup.

- le **remplacement** par un pronom de conjugaison est **possible** ;
  Exemple : <u>Le chat</u> (**Il**) dort beaucoup.

- l'**effacement** est **impossible** ;
  Exemple : 🚫 <u>Le chat</u> dort beaucoup.

- le **déplacement** est **impossible**.
  Exemple : 🚫 Dort beaucoup <u>le chat</u>.

a) Souligne les sujets dans les phrases ci-dessous.

b) Pour justifier tes réponses, récris chaque phrase :

  A en encadrant le sujet par *C'est… qui* ou *Ce sont… qui* ;
  B en remplaçant le sujet par un pronom.

  1) Le serin possède un bec très court.

  A _____

  B _____

  2) Les chauves-souris habitent dans des bâtiments.

  A _____

  B _____

  3) Le roi de la jungle vit en troupe.

  A _____

  B _____

  4) Les lionnes s'attaquent particulièrement aux ongulés.

  A _____

  B _____

La fonction prédicat ➡

> Le <u>prédicat</u> est un **constituant obligatoire** de la phrase. Il indique ce que l'on dit à propos du sujet. Il est **généralement** placé **après le sujet.** Sa seule construction est le groupe du verbe.
>
> *Exemple :* **Les grands singes** <u>ont des capacités intellectuelles surprenantes</u>.
>   sujet   prédicat

Complète ce court texte sur les abeilles en ajoutant un prédicat après chacun des sujets en caractères gras. Utilise la liste ci-dessous.

- comprend une reine, des ouvrières et des faux bourdons
- dépose ses œufs
- dure environ un mois
- pond des milliers d'œufs
- s'occupent de nourrir les larves
- sont composés de miel et de pollen
- sont des insectes sociaux organisés
- sortent de l'œuf

Les abeilles dans la ruche

Les abeilles _____.

Cette société _____.

La reine _____

chaque jour. **Elle** _____

dans des alvéoles. **Les larves** _____

trois jours plus tard. **Les abeilles ouvrières** _____

Les repas des larves _____.

La vie d'une abeille ouvrière _____.

Identifier le prédicat dans une phrase ➡

Pour identifier le <u>prédicat</u> dans une phrase, on repère le groupe de mots :

- qui contient **un verbe conjugué** (le mot qui peut être encadré par *ne... pas*) ;
  Exemple : Les guêpes **<u>produisent</u>** un venin.

- dont l'**effacement** est **impossible** ;
  Exemple : 🚫 Les guêpes ~~**<u>produisent</u>**~~ un venin.

- dont le **déplacement** est **impossible.**
  Exemple : 🚫 **<u>Produisent</u>** un venin les guêpes.

a) Souligne les prédicats dans les phrases ci-dessous.

b) Pour justifier tes réponses, entoure le verbe conjugué dans chacun des prédicats.

 1) Le printemps arrive.

 2) La reine des guêpes termine sa période d'hibernation.

 3) Elle cherche un nouvel endroit où faire son nid.

 4) Elle fabrique quelques alvéoles en papier.

 5) Plusieurs personnes sont allergiques au venin des guêpes.

 6) Les guêpes naissantes seront des ouvrières.

 7) Ces ouvrières s'occuperont de la colonie.

 8) Les guêpes piquent les individus menaçants.

 9) Ces piqûres sont dangereuses.

10) La reine dépose ses œufs.

11) Une guêpe peut piquer plusieurs fois.

12) Les guêpes mangent du sucre,
    des fruits en décomposition et,
    parfois, du miel.

Conjugaison

Les verbes *finir* et *aller* à l'indicatif imparfait ☆

On utilise l'**imparfait** :

- pour indiquer qu'un fait a duré quelque temps dans le passé ;
  Exemple : Elle **finissait** le nettoyage de la cage avant de nourrir l'animal.

- pour indiquer qu'un fait s'est déroulé en même temps qu'un autre ;
  Exemple : Nous **finissions** de pêcher quand le garde est arrivé.

- dans un récit, pour décrire des personnages, leurs actions, les lieux ou les objets.
  Exemple : Ils **étaient** grands et gros, mais fort sympathiques.

Ci-dessous, les verbes *aller* et *finir* sont conjugués au présent de l'indicatif. Conjugue-les à la même personne à l'indicatif imparfait.

Indicatif présent	Indicatif imparfait
a) Nous allons	_____
b) Je finis	_____
c) Vous finissez	_____
d) Tu vas	_____
e) Il / Elle, On finit	_____
f) Ils / Elles vont	_____
g) Nous finissons	_____
h) Il / Elle, On va	_____
i) Vous allez	_____
j) Ils / Elles finissent	_____
k) Je vais	_____

     © Éditions Grand Duc

As-tu ton totem?

Chez les scouts, on désigne souvent les membres par leur nom de totem plutôt que par leur vrai nom. Un nom de totem est constitué de deux mots : **un nom d'animal** et **un adjectif.** On choisit le nom de l'animal pour ses caractéristiques communes avec la personne désignée, tandis que l'adjectif renseigne sur le trait dominant du caractère de cette personne.

a) Dresse une liste de dix personnes de ton entourage.

b) Invente un nom de totem représentatif pour chacune de ces personnes.

c) Transforme ensuite ces noms de totems en mettant les noms des animaux et les adjectifs au féminin s'ils étaient au masculin, et au masculin s'ils étaient au féminin.

Exemple : Loup patient ⟶ Louve patiente

PERSONNES DE MON ENTOURAGE	NOM DE TOTEM (ANIMAL + ADJECTIF)	TRANSFORMATION (CHANGEMENT DE GENRE)
1)		
2)		
3)		
4)		
5)		
6)		
7)		
8)		
9)		
10)		

Nom : _____ Date : _____

Réponds à chacune des questions suivantes en cochant (☑) la ou les bonnes réponses.

1. Quels mots s'écrivent de la même façon au masculin et au féminin ?

☐ photographe   ☐ mâle   ☐ joli   ☐ vétérinaire

2. Quel mot ne suit pas la même règle de formation du féminin que les trois autres ? ☆

☐ facteur   ☐ menteur   ☐ animateur   ☐ moniteur

3. Quels mots se terminent par -ve au féminin ? ☆

☐ neuf   ☐ naïf   ☐ loup   ☐ bœuf

4. Quels mots ou groupes de mots occupent habituellement la fonction sujet ? ➡

☐ un verbe conjugué   ☐ un groupe du nom
☐ un pronom   ☐ un déterminant

5. Quelle fonction le groupe de mots en caractères gras occupe-t-il dans la phrase suivante ? ➡

Les abeilles ouvrières butinent de fleur en fleur.

☐ pronom   ☐ sujet   ☐ prédicat   ☐ groupe du nom

6. Quelle fonction le groupe de mots en caractères gras occupe-t-il dans la phrase suivante ? ➡

Elles **sont à la recherche de nourriture.**

☐ pronom   ☐ sujet   ☐ prédicat   ☐ groupe du nom

7. Quelle est la conjugaison du verbe *finir* à la 2ᵉ personne du singulier de l'indicatif imparfait ? ☆

☐ Tu finis   ☐ Vous finissiez   ☐ Tu finissais   ☐ Vous finissez

8. Coche les verbes conjugués à l'indicatif imparfait. ☆

☐ Il / Elle, On allait   ☐ Vous alliez   ☐ allez   ☐ Il / Elle, On va

Merci de ne pas photocopier   © Éditions Grand Duc

Vocabulaire

Des lettres à croquer

Dans chaque cas ci-dessous, biffe les lettres en trop dans le mot à droite de manière à reconstituer le mot qui correspond à la définition. Le nombre de lettres à conserver est indiqué entre parenthèses.

Exemple : Ressource naturelle essentielle aux êtres vivants. (3)	r̶e̶h a u s̶s̶e̶r̶
a) Établissement où sont fabriqués des objets et des produits à l'aide de machines qui consomment généralement beaucoup d'énergie. (5)	c o u s i n e
b) Contenant généralement muni d'un couvercle. Qu'il soit en métal, en matière plastique ou en carton, c'est dans le bac de récupération qu'on doit le déposer. (5)	b e n o î t e
c) Moyen de transport utilisé pour les déchets. (6)	c h a m p i o n
d) Appareil qui transforme l'énergie pour produire un travail comme laver, coudre ou préparer du café. (7)	a m i a c h i e n e
e) Récipient destiné à contenir un liquide, le plus souvent en verre ou en plastique. À déposer dans le bac de récupération après usage. (9)	e m b o u t e i l l a g e
f) Les piles, les cartouches d'encre et les pots de peinture usagés sont des matières… pour l'environnement. (11)	v i d a n g e r e u x s e s

Lecture

Intention de lecture : *Lis le texte suivant afin de découvrir des bienfaits du compostage pour l'environnement.*

Le compostage, une alternative pour un monde plus écologique

Le compostage est le processus de décomposition et de transformation naturelle des matières organiques telles que les déchets de table ou du jardin. Ce travail s'accomplit naturellement grâce à un extraordinaire réseau d'êtres vivants (micro-organismes, insectes, lombrics...) qui collaborent étroitement à transformer toute matière organique en sol fertilisant et très riche que l'on nomme le compost.

Le compostage permet :

de diminuer d'environ 40 % le volume de nos déchets et ainsi de réduire la quantité de camions se dirigeant vers les lieux d'enfouissement.

de réduire la pollution de l'air, de l'eau et des sols, ainsi que la quantité de gaz à effet de serre que produisent nos déchets de table dans les dépotoirs.

d'économiser des sommes importantes de coûts de cueillette, de transport et de gestion des sites d'enfouissement.

d'enrichir la terre avec un excellent fertilisant naturel pour votre jardin ou celui de vos proches.

Comment faire son propre compost ?

En connaissant les principes de base, toute personne est en mesure de réaliser son propre compost à la maison. Il suffit de suivre les étapes suivantes.

1 Procurez-vous un contenant à résidus que vous déposerez sur le comptoir de la cuisine ou sous l'évier.

2 Une fois que vous aurez fait l'acquisition d'un composteur adapté vos besoins, trouvez un endroit ensoleillé et bien drainé où vous installerez le composteur choisi.

3 À l'aide d'une pelle, retournez la terre et placez-y le composteur.

4 Couvrez le fond du composteur d'un rang de 5 ou 6 cm d'épaisseur de petites branches sèches.

5 Déposez ensuite, sur ce nid de branches, une couche de feuilles mortes ou de terre. Ceci permettra à l'air de circuler et améliorera le drainage.

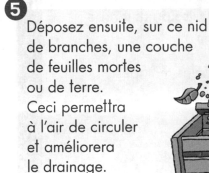

6 Superposez deux parties de matières riches en carbone (matières brunes ou sèches) pour une partie de matières riches en azote (matières vertes ou humides).

Suite à la page suivante ➡

Comment faire son propre compost ? (*suite*)

7 Aérez le tas de compost avec une pelle ou une fourche à jardin une fois par semaine.

Note : Le processus du compostage peut prendre de 2 à 24 mois selon les résidus utilisés et l'effort fourni. Pour un processus plus rapide, déchiquetez ou coupez les résidus en petits morceaux.

8 Une fois que le compost a atteint sa maturité, c'est-à-dire lorsqu'il est de couleur foncée et que sa texture ressemble à de la terre, vous pouvez l'utiliser pour fertiliser jardins, arbres fruitiers et plates-bandes. Le compost entre aussi dans la composition des terreaux pour les plantes d'intérieur et les semis.

EST-CE QUE CE DÉCHET SE COMPOSTE ?

OUI		NON
Café, thé	Mauvaises herbes	Cendre de bois
Coquilles d'œuf	Noyaux	Coquilles de mollusques
Écales de noix	Paille, foin	Excréments d'animaux ou d'humains
Feuilles d'arbres	Pain	Feuilles de rhubarbe
Fleurs	Pâtes alimentaires	Huile
Fruits	Plantes	Plantes malades
Fumier	Riz	Poisson
Gazon	Sciure de bois	Poussière d'aspirateur
Légumes	Serviettes de papier	Produits laitiers
Légumineuses	Terre	Viande

■ Réseau In-Terre-Actif, Le compostage, une alternative pour un monde plus écologique, [en ligne].

Je comprends ce que je lis

I. Nomme trois bienfaits du compostage pour l'environnement.

_____

_____

_____

_____

_____

2. Selon toi, est-ce que tout le monde est réellement en mesure de réaliser son propre compost ? Pourquoi ?

_____

_____

_____

3. Dans quel ordre les éléments suivants doivent-ils être superposés dans le composteur ? Numérote-les de I à 4, en commençant par la couche du fond.

a) Matières riches en azote : _____

b) Matières riches en carbone : _____

c) Branches sèches : _____

d) Feuilles mortes ou terre : _____

4. Dans quelle catégorie de matières organiques classerais-tu les serviettes de papier et les écales de noix : dans les matières riches en azote ou dans les matières riches en carbone ? Pourquoi ?

_____

_____

5. Nomme au moins une connaissance sur le compostage que ce texte t'a permis d'acquérir.

_____

Grammaire

Les pronoms de conjugaison, leur personne et leur nombre ☆ ⇨

- Il existe différentes sortes de pronoms. Les **pronoms de conjugaison** sont les plus courants. Ils ont une **personne** (Iʳᵉ, 2ᵉ ou 3ᵉ) et un **nombre** (singulier ou pluriel). ☆

LES PRONOMS DE CONJUGAISON		
	Singulier	**Pluriel**
Iʳᵉ personne	Je / J'	Nous
2ᵉ personne	Tu	Vous
3ᵉ personne	Il / Elle, On	Ils / Elles

- Le pronom de conjugaison peut être placé **avant** ☆ ou **après** ⇨ le verbe. On met un **trait d'union** entre le verbe et le pronom placé après le verbe.

    Exemples : **Je** lavais, **tu** consommes, **elle** réutilisera, **nous** récupérons, **vous** gaspilliez

    Consommes-**tu** ? Gaspillez-**vous** ?

Dans les phrases suivantes, entoure les pronoms de conjugaison. Précise leur personne et leur nombre ainsi que leur position (*avant* ou *après*) par rapport au verbe.

Exemple : Ai-je vraiment besoin de cet objet ? ___Iʳᵉ___ ___Singulier___ ___Après___

a) Nous sommes très fiers de notre action. ___ _____ _____

b) Au moins, elle trie ses déchets ! ___ _____ _____

c) Y penseras-tu la prochaine fois ? ___ _____ _____

d) Tu devrais éviter d'acheter des produits jetables. ___ _____ _____

e) Qu'attendez-vous pour réagir ? ___ _____ _____

f) On jette trop facilement de bons objets. ___ _____ _____

g) Chaque matin, ils remuaient leur compost. ___ _____ _____

D'autres sortes de pronoms ➡

QUELQUES SORTES DE PRONOMS	
Sortes	*Exemples*
Personnels	je, me, moi, m', tu, te, toi, t', il, elle, on, se, soi, s', lui, le, la, l', y, en, nous, vous, ils, elles, les, leur, eux
Démonstratifs	celui, celle, ceux, celles, ce, ceci, cela, ça, celui-ci, celle-là, etc.
Interrogatifs	qui, que, quoi, lequel, laquelle, lesquels, lesquelles, etc.
Relatifs	qui, que, quoi, dont, où, auquel, auxquels, auxquelles, duquel, desquels, desquelles, lequel, laquelle, lesquels, lesquelles, etc.
Autres	personne, certains, nul, rien, quelqu'un, quelque chose, beaucoup, plusieurs, chacun, etc.

Complète les phrases ci-dessous en écrivant chacun des pronoms proposés au bon endroit.

a) • ça • moi • plusieurs • où

1) Aide- _____ à trier les déchets.

2) _____ ne risque pas d'aller mieux si _____ refusent de coopérer.

3) Voici des magasins _____ les familles aux revenus modestes achètent des denrées à prix coûtant.

b) • en • lequel • nous • quelqu'un • y • toi • tu

1) _____ de ces bacs est le plus utile ?

2) Plutôt qu'acheter, demande- _____ si _____ peux emprunter cet objet à _____.

3) Ajoutes- _____ un peu de bonne volonté et le tour sera joué.

4) Quant à l'eau, les Européens _____ utilisent deux fois moins que _____.

Quand le pronom remplace un groupe du nom (GN)

Souvent, le **pronom remplace** <u>un groupe du nom</u> (GN). Dans ce cas, il reçoit le genre, le nombre et la personne du noyau du groupe du nom.

3e pers. masc. pl.

Exemple : <u>Mes parents</u> comptent acheter une voiture électrique. **Ils** continueront tout de même d'aller au travail en covoiturage.

Remarque : Le noyau du groupe du nom est toujours à la 3e personne.

I. Dans chacune des phrases ci-dessous, souligne le groupe du nom (GN) qui est remplacé par le pronom en caractères gras. Trace ensuite une flèche allant du noyau du GN au pronom puis, au-dessus du pronom, inscris sa personne, son genre et son nombre.

a) Au Moyen Âge, les rues étaient couvertes de déchets. C'est là qu'on

_____

les jetait.

b) En 1185, le roi trouva insupportable l'odeur des déchets dans les rues.

_____   _____

Il ordonna alors qu'**elles** soient pavées, canalisées et nettoyées.

c) C'est en 1884 que furent utilisées les premières poubelles. **Elles** furent

_____

nommées ainsi en l'honneur de **celui** qui en ordonna l'utilisation,

Eugène Poubelle.

2. Dans les phrases ci-dessous, inscris la personne, le genre et le nombre du noyau des groupes du nom en caractères gras. Entoure ensuite le pronom qui remplace le groupe du nom dans chaque phrase.

a) Lorsqu'on abandonne **des déchets** dans la nature ou dans les dépotoirs,

   (il, elle, ils, elles) mettent beaucoup de temps à se décomposer.

b) Ai-je vraiment besoin d'acheter **cet objet** ou est-ce que je pourrais

   (le, la, les, l') emprunter à quelqu'un de mon entourage ?

c) **De nombreux organismes** œuvrent dans le domaine de la réutilisation.

   Les objets qu'(il, elle, ils, elles) vendent sont moins chers.

d) **Des entreprises** récupèrent les vieux vélos. (Il, Elle, Ils, Elles) réparent

   ces vélos, puis les vendent à prix modique.

Les mots invariables ☆

Un **mot invariable a toujours la même orthographe,** peu importe sa position dans la phrase ou les mots qui l'entourent. Un mot invariable **n'a ni genre ni nombre.** Il en existe plusieurs.

Exemples : Papa **et** maman ont **beaucoup** investi ces deux dernières années. Ils ont acheté des panneaux solaires **pour** le toit du garage et un système **de** récupération des eaux qui permet **non seulement** d'arroser le potager bio **mais aussi** d'alimenter la salle **de** bains **et** le lavabo **de** la cuisine.

Observe l'orthographe des mots dans les phrases ci-dessous.
Souligne les mots invariables.

a) Entretiens bien ton vélo et il durera très longtemps.
Entretenez bien vos vélos et ils dureront très longtemps.

b) Bianca et Jules parlent souvent de leurs bonnes actions écologiques pendant la récréation.

Jules et toi parlez souvent de votre bonne action écologique pendant les récréations.

Bianca et moi parlons souvent de nos bonnes actions écologiques pendant notre récréation.

c) Souvent, on achète une bicyclette neuve parce que la précédente est trop petite, elle n'est pas assez performante ou elle est simplement démodée.

Souvent, les gens achètent des bicyclettes neuves parce que les précédentes sont trop petites, elles ne sont pas assez performantes ou elles sont simplement démodées.

Souvent, on achète des vélos neufs parce que les précédents sont trop petits, ils ne sont pas assez performants ou ils sont simplement démodés.

La fonction complément de phrase ⇨

- En plus du sujet et du prédicat, une phrase peut contenir un constituant qui n'est pas obligatoire : **le complément de phrase.**

- Le complément de phrase apporte une précision **de temps, de lieu, de but** ou **de cause.**

Exemples : **À 8 h 17,** Mme Nguyen a abandonné son gros sac de déchets. (Précision de temps)

J'ai trouvé son sac **dans le bac jaune.** (Précision de lieu)

Je l'ai ouvert **afin d'en vérifier le contenu.** (Précision de but)

Le contenu m'a déçue **parce qu'on y trouvait des objets réutilisables.** (Précision de cause)

1. Indique si, dans les phrases suivantes, le complément de phrase en caractères gras apporte une *précision de but, de temps, de lieu* ou *de cause.*

a) **Au Moyen Âge,** les excréments s'accumulaient dans les rues.

_____

b) Le vélo est non polluant **parce qu'il fonctionne à l'énergie musculaire.**

_____

c) Évitez les produits jetables ou trop emballés **afin de réduire la quantité de vos déchets.**

_____

d) Mes parents ont beaucoup recyclé **ces deux dernières années.**

_____

e) Prends une douche plutôt qu'un bain **pour réduire ta consommation d'eau.**

_____

f) Ma voisine a déposé quelques emballages en carton **dans le bac.**

_____

g) **Avant la découverte du papier,** on écrivait sur des écorces d'arbres.

_____

2. Récris chacune des phrases suivantes en ajoutant un complément de phrase qui apporte la précision indiquée entre parenthèses.

Exemple : Nous devons réduire notre quantité de déchets. (Précision de but)
Afin de protéger notre planète, *nous devons réduire notre quantité de déchets.*

a) C'est moi qui ai la responsabilité de sortir le bac de recyclage.
(Précision de temps)

_____

_____

b) Mes parents ont longuement hésité à faire du compostage.
(Précision de cause)

_____

_____

c) Tu peux offrir tes vêtements usagés ou démodés. (Précision de lieu)

_____

_____

d) Mon grand cousin compte s'acheter une voiture électrique.
(Précision de temps)

_____

_____

e) Je préfère prendre une douche plutôt qu'un bain. (Précision de cause)

_____

_____

Nom : ______________________ Date : ______________

Pour identifier le complément de phrase

Pour identifier le groupe de mots qui occupe la fonction de **complément de phrase,** on cherche le mot ou le groupe de mots :

- qui peut être **effacé** ;

  Exemple : J'ai trouvé son sac ~~**dans le bac jaune.**~~

- qui peut être **déplacé.**

  Exemple : **Dans le bac jaune,** j'ai trouvé son sac.

Souligne les compléments de phrase dans les phrases ci-dessous.
Pour justifier tes réponses, récris chaque phrase :

A en effaçant le complément de phrase ;

B en déplaçant le complément de phrase.

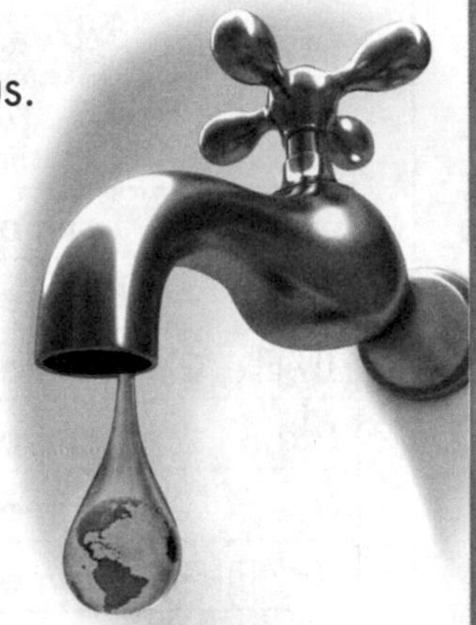

1) Ferme le robinet pendant que tu te brosses les dents.

   A ______________________

   B ______________________

2) Pour arroser vos plantes, récupérez l'eau de pluie.

   A ______________________

   B ______________________

3) Les habitations sont munies de compteurs d'eau dans de nombreux pays d'Europe.

   A ______________________

   B ______________________

   ____

4) Dans ma ville, l'arrosage des pelouses est interdit.

   A ______________________

   B ______________________

Conjugaison

Les verbes *aimer, avoir* et *être* à l'indicatif futur simple et au conditionnel présent ☆

- On utilise le **futur simple** pour indiquer qu'**une action se déroulera dans l'avenir,** après le moment où l'on parle.

- On utilise le **conditionnel présent** pour indiquer, entre autres, qu'**une action dépend d'une condition.**

	AIMER		AVOIR		ÊTRE	
	Futur simple	Conditionnel présent	Futur simple	Conditionnel présent	Futur simple	Conditionnel présent
Je / J'	aim**erai**	aim**erais**	au**rai**	au**rais**	se**rai**	se**rais**
Tu	aim**eras**	aim**erais**	au**ras**	au**rais**	se**ras**	se**rais**
Il / Elle, On	aim**era**	aim**erait**	au**ra**	au**rait**	se**ra**	se**rait**
Nous	aim**erons**	aim**erions**	au**rons**	au**rions**	se**rons**	se**rions**
Vous	aim**erez**	aim**eriez**	au**rez**	au**riez**	se**rez**	se**riez**
Ils / Elles	aim**eront**	aim**eraient**	au**ront**	au**raient**	se**ront**	se**raient**

Dans les phrases suivantes, conjugue les verbes entre parenthèses au conditionnel présent ou au futur simple, selon le contexte de la phrase.

a) J'(aimer) _____ les voitures le jour où elles ne pollueront plus.

J'(aimer) _____ les voitures si elles ne polluaient pas.

b) Si vous compostiez, vous (avoir) _____ aujourd'hui un jardin resplendissant.

Ajoutez ce compost à votre terre et vous (avoir) _____ bientôt un jardin resplendissant.

c) Ils (être) _____ fiers de leurs économies s'ils avaient réduit la température la nuit.

Ils (être) _____ fiers de leurs économies quand ils réduiront la température la nuit.

d) Si c'était possible, elle (aimer) _____ que le monde entier entende son message.

Demain, son message sera diffusé à la grandeur de la planète. Elle (aimer) _____ ça !

Écriture

Accro de ma planète !

Compose un acrostiche ayant pour thème la protection de notre planète. L'acrostiche est un poème dans lequel **les premières lettres de chaque vers** (ou ligne), **lues dans le sens vertical, forment un mot.** À la fin des vers de ton acrostiche, pense à choisir des mots qui riment, c'est-à-dire <u>des mots qui se terminent par le même son</u>.

Voici un exemple d'acrostiche avec le mot « Terre » :

Tant d'actions que nous pouvons men<u>er</u>

Enfin notre respect, nous pouvons te mont<u>rer</u>

Récupérer, dans un premier <u>temps</u>

Recycler, le plus souv<u>ent</u>

Et réutiliser, c'est import<u>ant</u> !

_____

_____

_____

_____

_____

_____

_____

_____

_____

Nom : _____ Date : _____

Réponds à chacune des questions suivantes en cochant
(☑) la ou les bonnes réponses.

I. Relève le ou les pronoms dans la phrase suivante. ▶

Ça ira mieux sur la Terre quand tout le monde aura compris l'importance
de protéger l'environnement.

☐ Ça   ☐ la   ☐ l'   ☐ l'

2. Précise la personne, le genre et le nombre du pronom en caractères gras
dans la phrase suivante. ▶

*Votre voiture, vous devriez **l'**utiliser le moins souvent possible.*

☐ 3ᵉ pers. m. sing.   ☐ 3ᵉ pers. m. pl.   ☐ 2ᵉ pers. f. pl.   ☐ 3ᵉ pers. f. sing.

3. Un mot qui n'a ni genre ni nombre est un _____. ☆

☐ adjectif   ☐ mot invariable   ☐ mot variable   ☐ nom

4. Indique la précision apportée par le complément de phrase souligné
dans la phrase suivante. ▶

Je voyage à vélo <u>afin de ne pas polluer l'environnement</u>.

☐ Précision de but   ☐ Précision de temps

☐ Précision de lieu   ☐ Précision de cause

5. Relève le complément de phrase dans la phrase suivante. ▶

Hier, je n'ai pas produit de déchets.

☐ Hier   ☐ je   ☐ n'ai pas produit de déchets

6. Coche le ou les verbes conjugués au futur simple. ☆

☐ Elle aimera   ☐ On serait   ☐ Nous aurions   ☐ Nous serons

7. Complète la phrase suivante avec le verbe qui convient. ☆

Tu _____ un plus beau jardin si tu produisais ton propre compost.

☐ as   ☐ avais   ☐ auras   ☐ aurais

CHAPITRE **F** Au-delà des mers

Vocabulaire

La mare aux lettres

Onze mots liés de près ou de loin à l'univers de la navigation se cachent dans la grille ci-dessous. Entoure ces mots dans la grille, puis récris-les au bon endroit dans l'encadré.

A _ _ E _ E _	_ A _ EAU	_ _ O _ O _ _
A _ _ IÈ _ E	_ OU _ A _ _	_ _ _ O _ E _ A _ E
A _ _ I _ E _	_ _ EU _ E	_ I _ E _ _ E
A _ A _ _ E _	_ _ A _	

```
P A A B W Y X K P P
R V F R A K Z W L R
O A L W R T W R A O
M N E W K I E K N F
E C U Q W L V A W O
N E V K E Y K E U N
A R E P W Z W X R D
D Z P A R R I È R E
E A C O U R A N T X
V I T E S S E K Z W
```

Ta stratégie de lecture

Au fil de ta lecture, formule des hypothèses pour anticiper la suite du texte.

Frédéric, 10 ans, est le narrateur de cette histoire. Il est aussi le grand frère d'Anne et de Jérôme, des jumeaux de 8 ans. Tous prennent la mer avec le capitaine Bernard Farley afin de secourir l'auteur d'un message de détresse qui se dit prisonnier de l'île Brisée. Au beau milieu de leur périple, la tempête se lève…

Intention de lecture : *Lis ce texte afin de découvrir comment le capitaine d'un bateau parvient à s'orienter dans la tempête même sans boussole.*

Les mystères de l'île Brisée

Prisonniers de la tempête

Le bruit du vent commence à couvrir nos voix.

L'Irlandais attrape la barre à roue et stabilise le bateau qui penchait trop d'un côté.

— Allons-nous faire naufrage ?

— J'espère bien que non, moussaillon, me répond le capitaine. Mais il faudrait qu'on touche terre bientôt. Je suis complètement désorienté. En tombant, j'ai fracassé ma boussole. Je ne sais plus où on va. Eh bien ! notre situation n'est pas très rose.

Tout à coup, j'entends un cri qui perce le bruit de la tempête. Je me retourne vivement. Jérôme se tient debout tant bien que mal.

— Jérôme, assieds-toi, tu m'entends !

— La baleine, la baleine ! Elle est là, tout près de nous.

J'essaie de distinguer quelque chose dans la purée de pois qui nous entoure. Soudain, juste devant le nez du bateau, un dos jaillit.

— La voilà encore, crie Anne.

— Qu'est-ce qu'elle fait là ? s'énerve le capitaine. Elle va faire chavirer la barque.

La baleine plonge… Trente secondes plus tard, elle refait surface. À ses côtés, un dos gris plus petit apparaît.

— Ce sont les deux baleines d'hier, dis-je très fort à l'oreille du capitaine.

Mère et enfant disparaissent à nouveau. Nous les cherchons du regard. Un souffle puissant nous indique qu'elles sont là, quelques mètres devant le bateau.

— Ça par exemple ! On dirait qu'elles veulent nous montrer le chemin.

— Oui, c'est étrange, me répond le capitaine. Je vais essayer quelque chose.

L'Irlandais manœuvre le gouvernail d'un quart de tour. Le bateau change de cap. Mais la baleine apparaît juste devant le nez du bateau, en travers de sa route. Elle bondit hors de l'eau et donne un formidable coup de queue avant de replonger. Elle semble furieuse.

La voix d'Anne, affaiblie par le vent, nous parvient de l'arrière du bateau.

— Elle ne veut pas qu'on aille par là, crie-t-elle.

— On dirait bien que non, constate le capitaine.

Il regarde son gouvernail indécis. Puis il finit par lui donner un quart de tour dans l'autre sens.

— Suivons-la !

Dès que nous avons repris l'autre direction, la baleine réapparaît en ligne droite avec le bateau. À chaque fois qu'elle plonge, c'est pour revenir quelques instants plus tard. Comme la lumière d'un phare dans la tempête.

n° 4, p. 85

Le vent gagne en intensité. Nous nous faisons secouer dans tous les sens. Tellement que les jumeaux commencent à changer de couleur.

Les baleines, elles, poursuivent leur manège.

— Où est-ce qu'elles nous emmènent comme ça ? demande le capitaine. J'espère que nous n'avons pas tort de leur faire confiance.

La mer est maintenant déchaînée. Il fait très sombre. Comme si la nuit tombait bientôt. Mais pourtant, il n'est que quatorze heures.

Tout à coup, dans la brume obscure, un immense rocher se dresse devant nous.

Le capitaine donne un solide coup de barre. La barque frôle le rocher.

— L'île Brisée, s'exclame l'Irlandais en serrant les dents.

■ Nadya LAROUCHE,
Les mystères de l'île Brisée,
Laval, Grand Duc, 1994, p. 57-61.

Nom : _____   Date : _____

Je comprends ce que je lis

1. Sans sa boussole, comment le capitaine fait-il pour s'orienter dans la tempête ?

_____

_____

2. Selon toi, le capitaine a-t-il raison de faire confiance aux baleines ? Pourquoi ?

_____

_____

_____

3. a) Quelle heure est-il au moment du déroulement des événements du récit ?

_____

b) Qu'est-ce qui fait contraste avec l'heure réelle du déroulement des événements ?

_____

_____

4. Que laisse sous-entendre l'auteure lorsqu'elle écrit : « Tellement que les jumeaux commencent à changer de couleur » ?

_____

_____

_____

5. Selon toi, l'auteure a-t-elle su choisir des mots et des tournures de phrases qui décrivent bien l'ambiance qui règne pendant une tempête ? Donne quelques exemples.

_____

_____

_____

Grammaire

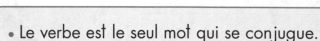

Le verbe ☆

> - Le verbe est le seul mot qui se conjugue.
> - Il peut être précédé d'un pronom de conjugaison.
> - Le verbe change de forme selon le temps de conjugaison.
>   *Exemples :* je pêche, je pêcherai, je pêchais, je pêcherais

a) Dans chacune des phrases ci-dessous, entoure le mot en caractères gras qui est un verbe.

b) Pour justifier ta réponse, récris la phrase en faisant précéder le verbe d'un pronom.

1) Le capitaine prépare le café de son **mousse** préféré alors que le lait **mousse.**

_____

_____

2) Le marin **noue** bien la corde afin que le canot ne s'éloigne pas de **nous.**

_____

_____

3) Ce **livre** raconte que la mer **livre** ses secrets aux navigateurs observateurs.

_____

_____

4) C'est avec cette **cire** d'abeille que le mousse **cire** les boiseries.

_____

5) Le capitaine et moi **avions** le regard fixé sur les **avions** qui fendaient le ciel.

_____

6) Le **garde garde** un œil inquiet sur les prévisions météo.

_____

Nom : _____   Date : _____

Pour identifier un verbe à l'infinitif ☆ ➡

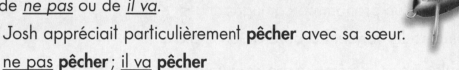

- On reconnaît un **verbe à l'infinitif** par sa terminaison en **-er, -ir, -re** ou **-oir**.
  Exemples : navigu**er**, ten**ir**, tai**re**, av**oir**

- Pour s'assurer qu'un mot est un verbe à l'infinitif, on le fait précéder de <u>ne pas</u> ou de <u>il va</u>.
  Exemple : Josh appréciait particulièrement **pêcher** avec sa sœur.
  <u>ne pas</u> **pêcher** ; <u>il va</u> **pêcher**

a) Dans les phrases ci-dessous, souligne les verbes à l'infinitif.

b) Entoure la terminaison (*-er, -ir, -re* ou *-oir*) des verbes que tu as soulignés.

c) Récris ces verbes en les faisant précéder de *ne pas* et de *il va*.

> *Exemple :* Nous devons vid|er| une partie du réservoir.
>
> _____ *ne pas vider* _____   _____ *il va vider* _____

1) Tu pouvais apercevoir l'eau de mer qui entrait par une petite ouverture.

   _____   _____

2) J'ai utilisé une ligne avec un leurre pour attraper une truite de plusieurs kilos.

   _____   _____

3) Ce soir, Carl veillera à rétrécir les mailles du filet.

   _____   _____

4) L'adversaire était de taille : un requin qui aurait fait fuir les plus braves.

   _____   _____

5) Même dans le noir le plus total, nous avons décidé de courir le risque.

   _____   _____

© Éditions Grand Duc   Merci de ne pas photocopier   Au-delà des mers **87**

Pour identifier un verbe conjugué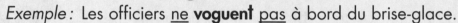

Pour identifier un **verbe conjugué,** on cherche le mot qui peut être :

- encadré par _ne... pas_;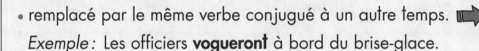

  Exemple : Les officiers <u>ne</u> **voguent** <u>pas</u> à bord du brise-glace.

- précédé d'un pronom de conjugaison ; ☆

  Exemple : <u>Ils</u> **voguent** à bord du brise-glace.

- remplacé par le même verbe conjugué à un autre temps. ➡

  Exemple : Les officiers **vogueront** à bord du brise-glace.

a) Entoure les verbes conjugués dans les phrases ci-dessous.

b) Pour justifier tes réponses, récris chaque phrase :

   A en encadrant le verbe conjugué par _ne... pas_;

   B en mettant un pronom de conjugaison devant le verbe conjugué
ou en conjuguant le verbe à un autre temps.

    1) Yannick est sauveteur en mer.

       A _____

       B _____

         _____

    2) Nous arrivons plus rapidement avec l'hélicoptère.

       A _____

       B _____

         _____

    3) Deux spécialistes embarquent sur chaque navire.

       A _____

       B _____

         _____

La personne et le nombre du verbe

Le verbe conjugué reçoit la personne et le nombre du sujet.

| 3ᵉ pers. pl. | 3ᵉ pers. sing. |

Exemple : <u>Les mousses</u> prépar**ent** le navire.   <u>Le capitaine</u> prépar**e** l'itinéraire.

sujet   sujet

a) Au-dessus de chaque sujet en caractères gras, inscris sa personne et son nombre.

b) Conjugue les verbes entre parenthèses à l'indicatif présent, selon la personne et le nombre de leur sujet.

_____

1) **Le bateau de croisière** (transporter) _____ 110 passagers.

_____

2) **Nous** (raconter) _____ notre mésaventure aux médias.

_____

3) En 1914, **le paquebot Empress of Ireland** (couler) _____ en 14 minutes.

_____

4) **Les hautes vagues** (risquer) _____ de renverser la chaloupe.

_____

5) **Vous** (ramener) _____ les rescapés à la marina.

_____

6) **Les journaux** ne (parler) _____ que du tsunami.

Les formes positive et négative de la phrase

Une phrase est de forme positive ou de forme négative. ☆

- La **phrase positive** fait connaître l'existence d'un fait, d'une information, d'un jugement ou d'un sentiment, ou elle exprime une opinion positive.
  Exemples : La mer est calme. Le vent souffle doucement. J'aime ce temps.

- La **phrase négative** nie un fait, une information, un jugement ou un sentiment, ou elle exprime une opinion négative. La phrase négative contient généralement deux **mots de négation :** *ne* ou *n'* accompagné de *pas* 𝒞, *jamais* ☆, *plus, rien* ➡, etc.
  Exemples : La mer **n'**est **jamais** calme. Je **n'**aime **rien** de la navigation.

Indique par un crochet (☑) la forme de chacune des phrases ci-dessous.
Pour justifier tes réponses, entoure les mots de négation dans les
phrases négatives.

		Positive	Négative
a)	Nous refusons de monter à bord de ce bateau.	☐	☐
b)	Nous n'acceptons pas de monter à bord de ce bateau.	☐	☐
c)	Vous ne pouvez plus monter à bord de ce bateau.	☐	☐
d)	Vous hésitez à monter à bord du bateau.	☐	☐
e)	Quelques pas encore, et vous serez à bord.	☐	☐
f)	Elle ne montera jamais avec ce capitaine.	☐	☐
g)	Elle l'ignorera même s'il lui adresse la parole.	☐	☐
h)	Le capitaine défend à la dame d'emmener son chien.	☐	☐
i)	Le capitaine ne défend rien à ses passagers.	☐	☐

Transformer la forme d'une phrase 🔗 ☆ ➡️

La phrase négative est une phrase positive à laquelle on a ajouté **deux mots de négation.**

- Donc, pour transformer une phrase positive en une phrase négative, on y ajoute des mots de négation comme **ne / n'... pas** 🔗, **ne / n'... jamais** ☆, **ne / n'... plus** et **ne / n'... rien** ➡️.

- Pour transformer une phrase négative en une phrase positive, on supprime les mots de négation.

Exemple : Tes parents **ne** partiront **jamais** en croisière. ⟶ Phrase négative

Tes parents partiront en croisière. ⟶ Phrase positive

Remarque : Dans la langue orale, on supprime souvent le **ne** dans une phrase négative. ☆

Exemple : Tes parents partiront jamais en croisière.

Récris le court texte suivant en changeant la forme de chacune des phrases.

Il ne fait pas très beau. Il pleut depuis hier soir. Le vent ne se calme jamais. Le bleu du ciel ne semble plus vouloir se montrer le bout du nez. Ce n'est pas le paradis. On ne voit plus la côte. Finalement, j'ai hâte d'arriver au port. Je ne devrais pas accoster avant lundi. Sœurette prendra la barre pour la dernière nuit. Je pourrai alors me reposer.

_____

_____

_____

_____

_____

_____

_____

La phrase de type déclaratif ➡

- La **phrase de type déclaratif** sert à affirmer un fait, à donner une information ou à exprimer une opinion. Elle peut être de **forme positive** ou de **forme négative.** C'est le type de phrase le plus fréquemment utilisé.

  Exemples : Le vent souffle de plus en plus fort.

  Ce vent du nord-est n'augure rien de bon.

- La phrase déclarative se termine généralement par un **point (.).**

- La phrase déclarative est formée d'un **sujet** suivi d'un **prédicat.** Elle peut aussi contenir un ou plusieurs **compléments de phrase.**

a) Identifie les constituants présents dans chacune des phrases déclaratives ci-dessous : sujet (S), prédicat (P) ou complément de phrase (CP).

b) Inscris le symbole ⊘ devant les phrases mal construites ou incomplètes.

S	P	CP

Exemple : Je / dirigerai le voilier / pendant votre sieste.

1) ⊘ À l'horizon, des nuages.

2)   La tempête se rapproche.

3) ⊘ S'intensifie autour de nous.

4)   J'ai peur.

5)   Je cherche une ceinture de sauvetage dans la cabine.

La phrase déclarative et les formes positive et négative de la phrase ➡

Fais des phrases selon les consignes données.

a) Une phrase déclarative positive qui parle d'un cours d'eau.

_____

_____

b) Une phrase déclarative négative qui parle d'une tempête.

_____

_____

c) Une phrase déclarative positive qui parle d'un capitaine de bateau.

_____

_____

d) Une phrase déclarative négative qui parle d'une mésaventure en mer.

_____

_____

e) Une phrase déclarative positive qui parle d'une plage.

_____

_____

f) Une phrase déclarative négative qui parle de la pêche.

_____

_____

_____

Conjugaison

Les verbes *finir* et *aller* à l'indicatif futur simple et au conditionnel présent ☆

- On utilise le **futur simple** pour indiquer qu'**une action se déroulera dans l'avenir,** après le moment où l'on parle.
- On utilise le **conditionnel présent** pour indiquer, entre autres, qu'**une action dépend d'une condition.**

	FINIR		ALLER	
	Futur simple	Conditionnel présent	Futur simple	Conditionnel présent
Je / J'	finirai	finirais	irai	irais
Tu	finiras	finirais	iras	irais
Il / Elle, On	finira	finirait	ira	irait
Nous	finirons	finirions	irons	irions
Vous	finirez	finiriez	irez	iriez
Ils / Elles	finiront	finiraient	iront	iraient

Conjugue les verbes entre parenthèses au temps demandé selon la personne du sujet en caractères gras.

a) **Nous** (finir, futur simple) _____ bien par arriver à bon port.

b) **Les mousses** (aller, conditionnel présent) _____ peut-être dormir un peu.

c) **Le garde-côte** (finir, conditionnel présent) _____ sa tournée en chantant.

d) Quand je serai grand, **j'**(aller, futur simple) _____ en croisière.

e) Est-ce que **vous** (finir, futur simple) _____ par nous raconter cette aventure ?

f) Si tu n'avais pas le mal de mer, **tu** (aller, conditionnel présent) _____ pêcher le crabe ?

g) (Finir, conditionnel présent) _____-**tu** ta baignade qu'on aille visiter le navire ?

Nom : _____   Date : _____

Jeu météo

Lorsqu'on voyage sur l'eau, les conditions météorologiques sont d'une importance cruciale. Dans l'encadré ci-dessous, choisis trois mots liés à la météorologie et prépare un jeu d'association de définitions.

a) Pour chaque mot, propose trois définitions différentes, incluant la bonne.

b) Demande ensuite à ton entourage de trouver la bonne définition.

• bulletin	• écran	• observatoire	• pression	• satellite
• carte	• front	• occlusion	• prévision	• station
• condition	• humidité	• phénomène	• pronostic	• système
• cyclone	• navigation	• pluie	• radar	• vent
• dépression	• nébulosité	• précipitations	• radio	• visibilité

MOT	DÉFINITIONS
_____	1) _____
	2) _____
	3) _____
_____	1) _____
	2) _____
	3) _____
_____	1) _____
	2) _____
	3) _____

Nom : _____ Date : _____

Réponds à chacune des questions suivantes en cochant (☑) la ou les bonnes réponses.

1. Quel mot en caractères gras est un verbe ? ☆

☐ Tu es dans les **bois.**   ☐ Tu **bois.**   ☐ Le plancher est en **bois.**

2. Trouve le ou les verbes à l'infinitif. ➡

☐ voir   ☐ noir   ☐ manger   ☐ faire
☐ avenir   ☐ danger   ☐ bondir   ☐ carrière

3. Par quel mot peut-on remplacer le verbe conjugué dans la phrase suivante ? ➡

Le mousse compte aller se reposer.

☐ moussait   ☐ comptait   ☐ allait   ☐ reposait

4. Trouve la ou les phrases de forme positive. ☆

☐ Tu veux.   ☐ Tu refuses.   ☐ Tu n'acceptes rien.   ☐ Tu nies.

5. Trouve la ou les constructions qui correspondent à une phrase de type déclaratif. ➡

☐ Prédicat + complément de phrase   ☐ Complément de phrase + sujet + prédicat
☐ Sujet + prédicat + complément de phrase

6. Trouve la ou les phrases déclaratives négatives. ➡

☐ Je refuse de naviguer seul aujourd'hui.   ☐ Je ne naviguerai plus seul aujourd'hui.
☐ Dorénavant, je ne naviguerai plus seul.

7. Coche le ou les verbes conjugués au conditionnel présent. ☆

☐ J'irai   ☐ Je finirais   ☐ Je finirai   ☐ J'irais

8. Complète la phrase suivante avec le verbe qui convient. ☆

L'été prochain, nous _____ en croisière.

☐ allions   ☐ irions   ☐ irons   ☐ iront

 **CHAPITRE G** Naviguons sur le Net

Vocabulaire

Question de temps

Exerce-toi à bien orthographier des mots qui informent le lecteur ou la lectrice sur la succession des événements dans un récit.

Dans chaque cas, reforme le mot qui correspond à la définition donnée en écrivant dans le bon ordre les consonnes entre parenthèses.

a) Au jour où l'on est. (d h j r) a u __ o u __ __ ' __ u i

b) Au même instant, tout de suite. (s s t t) a u __ __ i __ ô __

c) Au moment où. (l r q s) __ o __ __ u e

d) En premier lieu. (b d d r) __ ' a __ o __ __

e) Indique une limite de temps. (j q s) __ u __ __ u ' à
   Exemple : Elle travaille… 16 heures.

f) Jour qui a immédiatement précédé hier. (h n r t v)
   a __ a __ __ - __ i e __

g) Partie de la journée comprise entre midi et le soir. (d m p r s)
   a __ __ è __ - __ i __ i

h) Partie de la journée qui va du lever du soleil jusqu'à midi. (d m n t v)
   a __ a __ __ - __ i __ i

i) Partie de la semaine qui comprend le samedi et le dimanche. (d f m n n s)
   __ i __ __ e __ e __ a i __ e

j) Plus tard, par la suite. (n s t)
   e __ __ u i __ e

Ta stratégie de lecture

À l'aide du contexte de la phrase ou du texte, devine le sens d'au moins cinq mots. Écris tes définitions à la page 100, dans l'espace prévu à la fin du texte.

Intention de lecture : *Lis ce texte afin de découvrir comment des parents s'y prennent pour conscientiser leur fille à l'importance de naviguer en toute sécurité sur Internet.*

Foule musicale

Ce soir-là, pour une première fois, Josiane allait « se garder » toute seule, le temps que ses parents se rendent au cinéma en amoureux. Deux jours auparavant, elle avait obtenu la permission d'utiliser l'ordinateur pendant leur absence. D'abord réticents, ils avaient fini par céder aux arguments de leur princesse.

— Je pourrai clavarder et avoir l'impression de ne pas être seule. Ainsi, je ne m'ennuierai pas et je saurai mieux répéter l'expérience. Par contre, si vous refusez, j'ai bien peur de mourir d'ennui ! Et vous ne voulez sûrement pas retrouver votre fille chérie morte à votre retour, n'est-ce pas ?

François et Micheline connaissaient leur fille sur le bout de leurs doigts. Qu'elle insiste pour avoir accès à son monde virtuel pendant leur absence faisait d'ailleurs partie de leur plan. Josiane avait mordu à l'hameçon. Ils firent mine d'hésiter, de réfléchir à sa demande, puis ils finirent par accepter.

Cette sortie allait leur permettre de faire d'une pierre deux coups : vérifier si Josiane avait peur seule sans adultes le soir à la maison, et...

— Voilà, c'est l'heure ! Jo, on compte sur toi pour respecter les règles habituelles.

— Ça va m'man, vous pouvez partir la tête tranquille.

Josiane verrouille la porte derrière ses parents, s'installe devant l'ordinateur et tape sur le clavier l'adresse de son salon de clavardage préféré. Elle espère y « revoir » Suriv, cet internaute de 13 ans avec qui elle clavarde depuis quelques jours lorsqu'elle rend visite à sa copine Nelly.

— Chouette ! Il est en ligne ! murmure-t-elle.

PRINCESSE_JO : S'lut Suriv ! ;-)

SURIV : S'lut Princesse ! Tout roule comme prévu ?

PRINCESSE_JO : 10 sur 10 ! Ils viennent tout juste de partir... Tu peux me refiler les mp3 que je n'ai pas pu prendre hier parce que j'étais sous haute surveillance parentale. :-D

SURIV : Super ! Tu me rappelles de quel album il s'agissait exactement ?

PRINCESSE_JO : Le dernier de *Foule musicale,* tu sais, celui avec *Ce soir on casse la baraque* ?

SURIV : Ouais ! Je me rappelle maintenant... Tu n'auras qu'à cliquer sur le lien qui apparaîtra dans la fenêtre...

Cliquer ici pour télécharger Foulemusicale_Cesoironcasselabaraque_mp3

PRINCESSE_JO : Ouiiiiiii ! Ça fonctionne... Je vois la progression du téléchargement...

70 % complétés

SURIV : Eh ! Quand Suriv est dans les parages, tout fonctionne à tout coup ! :-P

Josiane ouvre son logiciel de lecture audio pour en importer le fichier de Suriv. La durée de l'importation lui fait l'effet d'une éternité tant elle a hâte d'écouter l'album. Au moment où elle clique enfin sur *Ce soir on casse la baraque*, l'ordinateur émet un long bip strident. Josiane émet à son tour un cri, sidérée par ce qui se passe à l'écran : les applications se ferment l'une après l'autre, puis la fenêtre de clavardage se transforme en une tête de mort. Apparaissent alors les lettres S-U-R-I-V qui se déplacent pour former un nouveau mot : **V-I-R-U-S.** Puis pouf ! écran noir. L'ordinateur est mort.

* * *

— Si le faux virus fonctionne comme prévu, l'ordinateur de la maison est maintenant hors service. Et il le demeurera jusqu'à ce que j'y entre mon mot de passe, dit François en s'adressant à Micheline.

Assis côte à côte dans un café Internet, les parents de Josiane ferment la fenêtre de clavardage depuis laquelle ils communiquaient avec Princesse_Jo. Ils espèrent que grâce à cette simulation de virus, leur belle cessera enfin de râler parce qu'elle doit obtenir leur autorisation pour effectuer certaines opérations sur l'ordinateur. Le téléchargement de fichiers offerts par des inconnus, par exemple...

■ Brigitte VANDAL

Mes définitions :

_____

_____

_____

_____

_____

_____

Je comprends ce que je lis

I. À quel danger d'Internet les parents de Josiane souhaitent-ils la conscientiser ?

_____

_____

_____

2. Josiane prétend qu'en clavardant, elle allait se sentir moins seule pendant l'absence de ses parents. Toi, que fais-tu pour te distraire lorsqu'il t'arrive de t'ennuyer chez toi ?

_____

_____

_____

3. Relève l'expression utilisée par l'auteure pour dire que Josiane est tombée dans le piège que lui ont tendu ses parents.

_____

4. Selon le texte, Suriv est-il réellement un internaute de 13 ans ? Justifie ta réponse.

_____

_____

_____

_____

5. Que penses-tu de l'astuce inventée par les parents de Josiane pour sensibiliser leur fille au danger de télécharger des fichiers ? Explique ta réponse.

_____

_____

_____

Nom : _____ Date : _____

Grammaire

L'accord du verbe avec le pronom sujet ☆

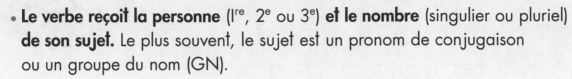

- **Le verbe reçoit la personne** (Ire, 2e ou 3e) **et le nombre** (singulier ou pluriel) **de son sujet.** Le plus souvent, le sujet est un pronom de conjugaison ou un groupe du nom (GN).

  Exemple : Vous **naviguez** sur Internet.

- Pour accorder le verbe avec le pronom sujet, on doit :

  1) repérer le pronom sujet : *Vous ;*
  2) déterminer la personne grammaticale du pronom sujet : *2e pers. ;*
  3) déterminer le nombre du pronom sujet : *pl. ;*
  4) donner cette personne grammaticale et ce nombre au verbe,
     2e pers. pl. : **naviguez.**

a) Dans les phrases ci-dessous, entoure les pronoms sujets et écris au-dessus de ceux-ci leur personne et leur nombre.

b) Conjugue les verbes entre parenthèses à l'indicatif présent en les accordant avec leur pronom sujet.

1) Tu (composer) _____ un courriel pour ton ami Simon.

2) Chaque matin, je (consulter) _____ les actualités sur Internet.

3) Parfois, on (jouer) _____ au scrabble en ligne.

4) Nous (fermer) _____ la fenêtre de clavardage.

5) Elles (installer) _____ un nouveau programme.

L'accord du verbe avec le groupe du nom qui occupe la fonction sujet ☆ ➡

Exemple : Tes grandes sœurs **naviguent** sur Internet.

Pour accorder le **verbe** avec le groupe du nom (GN) qui occupe la fonction sujet, on doit :

1) repérer le GN qui occupe la fonction sujet et trouver son noyau :
   Tes grandes sœurs ; son noyau est *sœurs ;*
2) déterminer la personne grammaticale du noyau du GN
   (un GN est toujours de la 3ᵉ personne) : *3ᵉ pers. ;*
3) déterminer le nombre du noyau du GN : *pl. ;*
4) donner cette personne grammaticale et ce nombre au verbe :
   3ᵉ pers. pl. : **naviguent.**

a) Dans les phrases ci-dessous, souligne les groupes du nom qui occupent la fonction sujet, puis entoure leur noyau.

b) Au-dessus de chaque GN, indique la personne grammaticale et le nombre du nom noyau.

c) Conjugue les verbes entre parenthèses au temps demandé en les accordant avec leur sujet.

1) Malheureusement, des gens malins (fabriquer, ind. présent) _____ des virus informatiques.

2) Ma mère (utiliser, ind. présent) _____ un antivirus.

3) Nadia (consulter, ind. imparfait) _____ son courrier électronique.

4) Ray Tomlinson (être, ind. présent) _____ l'inventeur du courrier électronique.

5) Ces binettes sympathiques (évoquer, ind. présent) _____ tes émotions.

6) Les jeunes filles intriguées (fixer, ind. imparfait) _____ l'écran.

7) Attention ! Un nouveau virus informatique (circuler, ind. futur simple) _____ bientôt sur la Toile.

8) Dans le cadre des échanges dans Internet, les gros caractères (laisser, ind. futur simple) _____ croire à de l'agressivité.

9) Sans ton autorisation, même tes meilleurs amis n' (avoir, ind. présent) _____ pas le droit de publier des photos de toi.

L'accord du verbe ⇨

Récris les phrases suivantes en changeant le nombre (singulier ou pluriel) des sujets en caractères gras. Fais les accords nécessaires.

a) **Ce virus** est dans ton ordinateur.

_____

b) **Elles** rédigent un courriel.

_____

c) **Un professeur avisé** sera facilement en mesure de détecter le plagiat.

_____

_____

_____

d) **Tu** consultes plusieurs sites pour finaliser **ta recherche.**

_____

_____

_____

e) **Nous** ne piraterons jamais de logiciels.

_____

f) **Ton frère** installe le nouvel ordinateur dans le salon.

_____

g) **Il** demande toujours la permission avant d'ouvrir un fichier joint.

_____

h) **Les élèves** cherchent des informations intéressantes sur un groupe musical célèbre.

_____

La phrase de type interrogatif 🠖 ☆

La phrase interrogative **sert à poser une question.**

- Elle se termine par un point d'interrogation (**?**). 🠖

- Elle commence souvent par un ou des **mots interrogatifs.** 🠖

  Exemple : **Est-ce que** tu as une connexion Internet à haute vitesse ?

LISTE DE MOTS INTERROGATIFS COURANTS ☆			
est-ce que	combien	quand	quel
qui est-ce qui	combien de	que	quelle
qu'est-ce que	comment	qui	quels
qu'est-ce qui	où	quoi	quelles
qui est-ce que	pourquoi		

- Dans une phrase interrogative, le sujet se trouve parfois après le verbe. Lorsqu'il y a inversion du sujet et du verbe, on les unit par un **trait d'union.**

  Exemple : **As-tu** une connexion à Internet à haute vitesse ?

1. Place les mots de manière à former des phrases interrogatives. Celles-ci commencent par un mot interrogatif.

a) as   blogue   est-ce que   tu   un

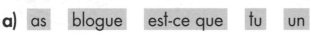

_____

b) de   combien   vous   courriels   chaque   écrivez-   jour

_____

c) ce   se   pseudonyme   derrière   cache   qui

_____

d) personnels   votre   renseignements   sont   sur   disponibles   site   quels

_____

_____

2. En inversan_____ nom sujet et le verbe, transforme les phrases déclaratives suivantes er_____es interrogatives.

a) Tu aimes_____er sur Internet.

_____

b) Nous transmettrons notre opinion par courriel.

_____

c) Vous respectez les règles de sécurité sur Internet.

_____

d) Ils installeront le meilleur antivirus.

_____

3. Transforme les phrases interrogatives ci-dessous en phrases déclaratives.

a) Est-ce que tu prendras le temps de lire tes courriels ?

_____

b) Sauvegardez-vous vos données personnelles ?

_____

c) Est-ce que ton ordinateur possède une caméra ?

_____

d) Ont-ils glissé un virus informatique dans ce pourriel ?

_____

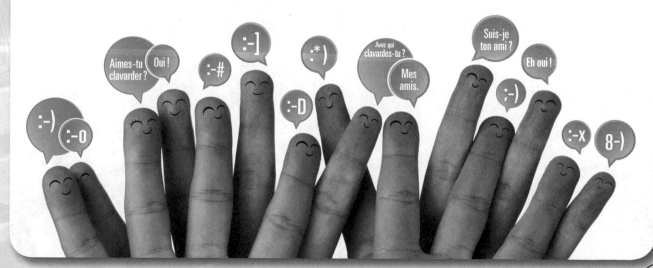

Des structures de phrases interrogatives pour obtenir la réponse *oui* ou *non* ➡️

Les phrases interrogatives qui commencent par ***est-ce que*** et celles dans lesquelles **le pronom sujet et le verbe sont inversés** amènent seulement une réponse par ***oui*** ou ***non.***

Exemples : Est-ce que tu clavardes avec tes amis ?
Clavardes-tu avec tes amis ?

Récris les phrases interrogatives suivantes de manière à ce que la réponse demeure *oui* ou *non.*

a) Vas-tu parfois sur des forums ?

_____

b) Ton ordinateur est-il infecté ?

_____

c) Connaissent-ils l'auteure du blogue ?

_____

d) Est-ce que tu as un ordinateur chez toi ?

_____

e) Est-ce que le café Internet est ouvert le dimanche ?

_____

f) Est-ce que vous avez fait la mise à jour de votre antivirus ?

_____

g) Est-ce que nous participerons à ce débat en ligne ?

_____

La phrase de type impératif ➡

La **phrase impérative** sert à donner un **ordre**, un **conseil**, une **consigne** ou une **marche à suivre.** Elle se termine par un **point (.)** ou un **point d'exclamation (!).** Dans la phrase impérative :

- le **sujet** n'est **pas exprimé** ; *Exemple :* ~~Vous~~ cliquez sur cette icône.

- le **prédicat** est **obligatoire** ; *Exemple :* ⊘ ~~Cliquez~~ sur cette icône.

- il peut y avoir **un ou des compléments de phrase.**
  Exemple : **Pour entrer,** cliquez sur cette icône **dès maintenant.**

Récris les phrases suivantes en supprimant le sujet de manière à former des phrases impératives.

a) Nous explorons le nouveau logiciel.

_____

b) Vous jetez ce fichier contaminé à la poubelle.

_____

c) Tu investis dans un logiciel antivirus.

_____

d) Vous choisissez un mot de passe sécuritaire.

_____

e) Nous allons voir ce qui se passe sur ce blogue.

_____

f) Tu réagis à chacun des commentaires sur ton site.

_____

g) Tu prends le temps de réviser chacun de tes courriels avant de les envoyer.

_____

_____

Conjugaison

Le futur proche, l'infinitif présent et le participe présent ☆ ➡

- Le **futur proche** est formé de **deux mots** : le verbe *aller* à l'indicatif présent suivi de l'infinitif du verbe principal. ☆
  Exemples : je vais chercher, tu vas grandir, vous allez faire

- Un verbe au mode **infinitif** n'est pas conjugué. ➡ Les terminaisons des verbes à l'infinitif présent sont *-er, -ir, -re* et *-oir*.
  Exemples : cherch**er**, grand**ir**, fai**re**, recev**oir**

- Les terminaisons des verbes au **participe présent** sont *-issant* ou *-ant*.
  Exemples : cherch**ant**, grand**issant**, fais**ant**, recev**ant** ☆

1. Dans les phrases ci-dessous, souligne les deux mots qui forment les verbes conjugués au futur proche. Remplace-les par le même verbe conjugué au futur simple.

   a) Hubert va installer un nouveau programme sur son ordinateur.
   _____

   b) Tu vas ouvrir une fenêtre de clavardage. _____

   c) Vous irez visiter mon blogue. _____

   d) Les internautes vont apprécier cette nouvelle fonction. _____

2. Trouve l'infinitif des verbes soulignés ; conjugue-les ensuite au futur proche.

   a) Je finirai (_____) ma discussion.

   b) Nous irons (_____) au café Internet.

   c) Il sera (_____) en ligne dans quelques instants.

3. Entoure les verbes au participe présent dans les phrases suivantes.

   a) En fermant mon ordinateur, j'ai perdu mes dernières modifications.

   b) Tu te protèges de bien des problèmes en installant un antivirus.

Une mésaventure virtuelle

Imagine un court récit dans lequel un ou des personnages vivent une mésaventure alors qu'ils font preuve d'imprudence dans leur utilisation d'Internet. Au fil de ton récit, utilise des mots qui informent le lecteur ou la lectrice sur la succession des événements dans l'intrigue. Inspire-toi de la liste de mots à la page 97 du cahier.

_____

_____

_____

_____

_____

_____

_____

_____

_____

_____

_____

Réponds à chacune des questions suivantes en cochant (☑)
la ou les bonnes réponses.

1. De quel mot le verbe souligné reçoit-il son accord dans la phrase suivante ? ☆

Vers huit heures, tu <u>relèves</u> tes courriels.

☐ heures ☐ tu ☐ tes ☐ courriels

2. De quel mot le verbe souligné reçoit-il son accord dans la phrase suivante ? ➡

Tes meilleurs amis <u>sont</u> dans le salon de clavardage.

☐ meilleurs ☐ amis ☐ salon ☐ clavardage

3. Sélectionne les deux seuls sujets qui pourraient compléter la phrase. ➡

_____ *magasinent un nouvel ordinateur.*

☐ Ma mère ☐ Geneviève ☐ Tes parents ☐ Elles

4. Une phrase interrogative se termine par un… ➡

☐ **.** ☐ **!** ☐ **?**

5. Sélectionne la phrase interrogative qui contient des mots interrogatifs. ☆

☐ Clavardez-vous ? ☐ Est-ce que vous clavardez ?
☐ Aimez-vous clavarder ?

6. Quel est le seul constituant obligatoire dans une phrase impérative ? ➡

☐ Le sujet ☐ Le prédicat ☐ Le complément de phrase

7. À quel temps est conjugué le verbe souligné dans la phrase suivante ? ☆

Nous <u>allons effectuer</u> une recherche sur Internet.

☐ Infinitif présent ☐ Participe présent ☐ Futur proche ☐ Futur simple

8. Trouve l'infinitif du verbe souligné dans la phrase suivante. ☆

Elles <u>seront</u> en ligne bientôt.

☐ serrer ☐ servir ☐ étant ☐ être

 **CHAPITRE H** Découvrir le monde

Grammaire – Révision

Le nom ☆ ➡

Dans chacune des phrases ci-dessous, le nom en caractères gras
est le noyau d'un groupe du nom qui occupe la fonction sujet.

a) Au-dessus de ce nom, inscris sa personne, son genre et son nombre.

b) Entoure le déterminant, l'adjectif et le verbe qui s'accordent avec ce nom.

1) (Le, Les) (petits, petit) **homme** (regarde, regardent) son instrument
de musique avec satisfaction.

2) (Ce, Ces) **musiciens** (professionnels, professionnelles) (chante, chantent)
l'histoire de leur peuple.

3) (Des, Une) **musiques** (locale, locales) (sera, seront) jouées
pendant la cérémonie.

4) (Sa, Ses) **culture** (musicale, musical) en (impressionne, impressionnent)
plus d'un.

5) (Le, Les) **rythmes** (africain, africains) (donne, donnent)
envie de danser.

6) (Ce, Ces) **chant** (ancienne, ancien) se (pratique, pratiquent)
sans accompagnement.

Le groupe du nom (GN)

Dans les phrases ci-dessous, les noyaux des groupes du nom (GN) sont en caractères gras.

a) Dans chaque cas, repère le déterminant et l'expansion qui accompagnent le nom noyau, puis souligne tout le GN.

b) Au-dessus de chaque GN souligné, inscris le chiffre qui correspond à sa construction selon les différentes possibilités apparaissant dans l'encadré.

> ❶ déterminant + nom
> ❷ nom propre ⭐
> ❸ déterminant + nom + adjectif ⭐
> ❹ déterminant + adjectif + nom ⭐
> ❺ déterminant + nom + *à* + GN ➡
> ❻ déterminant + nom + *de* + GN ➡

         ❸   ❸

Exemple : <u>La **musique** africaine</u> a souvent <u>un **rôle** social</u>.

1) **Cuba** est le **berceau** d'une musique extraordinaire.

2) Les **musiques** antillaises sont entraînantes.

3) Les **tsiganes** donnent aux **musiques** locales

une nouvelle **couleur.**

4) La **valse** est une **danse** à trois temps.

5) Dans la **salsa,** on entend les **percussions** de la rumba.

6) La **samba** reprend le **chant** à réponse et les **rythmes** de l'Afrique.

Le déterminant et l'adjectif 🔗 ☆

1. Donne le genre (fém. ou masc.) et le nombre (sing. ou pl.) des déterminants en caractères gras.

a) **Au** marché _____ j) **Cet** instrument _____

b) **Aux** musiciens _____ k) **Leur** musique _____

c) **Ce** tambour _____ l) **Du** village _____

d) **Ces** garçons _____ m) **L'**invité _____

e) **Ces** filles _____ n) **Mon** piano _____

f) **Des** chants _____ o) **Leur** maison _____

g) **Aux** musiciennes _____ p) **L'**invitée _____

h) **Leurs** doigts _____ q) **Leurs** voix _____

i) **Mon** idée _____ r) **Des** chansons _____

2. Dans le tableau ci-dessous, accorde chaque adjectif avec le nom ou le pronom qu'il complète.

a)	**Des guitares**	accordé ____	mélodique ____	envoûtant ____	électrique ____
b)	**Une voix**	envoûtant ____	musical ____	clair ____	mélodique ____
c)	**Un instrument**	mélodique ____	accordé ____	musical ____	envoûtant ____
d)	**Elles sont**	envoûtant ____	mélodique ____	accordé ____	musical ____
e)	**Ils sont**	mélodique ____	étonnant ____	envoûtant ____	accordé ____

La ponctuation ☆ ➡

1. Récris le texte suivant en ajoutant des points
et des majuscules de manière à former trois phrases.

> la cithare est un instrument à cordes pincées, frottées ou frappées
> pour en jouer, on pose l'instrument à plat on s'en sert beaucoup
> pour jouer la musique traditionnelle de pays comme l'Allemagne,
> l'Autriche et la Slovénie

_____

_____

_____

_____

2. Ajoute les virgules manquantes dans les phrases suivantes.

a) Étienne Maude et Wolfie observaient le diapason avec étonnement.

b) Le jeune garçon tenait un violon un archet et un instrument étrange.

c) C'était un joli djembé, tout sculpté tout poli et juste assez large
pour ses mains.

d) En Afrique, on entend le djembé dans les fiançailles
les mariages les funérailles et les baptêmes.

e) Chaque oiseau chaque lion et chaque girafe savait reconnaître le son
que faisait le vieil instrument.

f) Eux qui ne songeaient habituellement qu'à leurs problèmes ils se taisaient
en entendant le son du merveilleux chant.

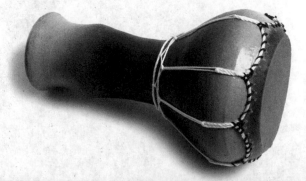

La fonction complément du nom ⭐ ➡

1. Récris les phrases ci-dessous en ajoutant à chaque groupe du nom en caractères gras un complément du nom correspondant à la construction indiquée entre parenthèses.

a) Dans mon pays, on se sert du tambour pour annoncer **des nouvelles** (adj.).

_____

b) **Les habitants** (*de* + groupe du nom) aiment danser.

_____

c) Connais-tu **un instrument** (*à* + groupe du nom) ?

_____

d) Edmond joue de **la guitare** (adjectif) comme un professionnel.

_____

e) La foule était en délire **au festival** (*de* + groupe du nom).

_____

2. Biffe les compléments du nom dans les groupes du nom en caractères gras. Souligne ensuite le noyau de chaque groupe du nom.

a) Les musiciens transforment **des bidons vides** en tambours.

b) **Le dessus du bidon** épouse **la forme d'une assiette creuse.**

c) Le bidon est « accordé » avec **des coups de marteau.**

d) On cherche à obtenir **un son différent** selon l'endroit où l'on tape.

e) Certains de ces tambours produisent **30 notes différentes.**

Les constituants de la phrase : le sujet, le prédicat et le complément de phrase ➡

I. a) Souligne les sujets des verbes en caractères gras dans les phrases ci-dessous.

    b) Pour justifier tes réponses, récris chaque phrase :

       A en encadrant le sujet par *C'est... qui* ou *Ce sont... qui* ;

       B en remplaçant le sujet par un pronom.

       I) Les batteurs de bongos **jouent** dans les orchestres de danse.

          A _____

          B _____

       2) Le rythme entraînant des bongos **donne** envie de danser.

          A _____

          B _____

2. a) Souligne les compléments de phrase dans les phrases ci-dessous.

    b) Pour justifier tes réponses, récris chaque phrase :

       A en effaçant le complément de phrase ;

       B en déplaçant le complément de phrase.

       I) Au Nigéria, on se sert du tambour kalungu.

          A _____

          _____

          B _____

          _____

       2) Le batteur tend ou détend la peau du tambour pour modifier les sons.

          A _____

          B _____

Nom : _____   Date : _____

3. Dans les phrases ci-dessous :

   a) souligne le verbe conjugué ;

   b) entoure le sujet de la phrase et écris la lettre *S* au-dessus ;

   c) s'il y a lieu, écris un pronom de remplacement pour le sujet ;

   d) s'il y a lieu, biffe le complément de phrase, puis écris les lettres *CP* au-dessus ;

   e) à l'aide d'une flèche (↓), indique l'endroit où le CP pourrait être déplacé dans la phrase ;

   f) entoure le prédicat et écris les lettres *Préd.* au-dessus.

>   *CP*   *S (Elles)*   *Préd.*   ↓
> *Exemple :* ~~En Jamaïque,~~ | beaucoup de musiques | proviennent du maquis.

   1) Les esclaves utilisaient des percussions pour communiquer.

   2) Les carnavals du Brésil sont mondialement célèbres.

   3) La harpe celtique connaît un renouveau depuis 1970.

   4) En Hongrie, les tsiganes font danser les foules.

   5) Les musiques antillaises sont entraînantes.

Le pronom et les mots invariables ☆ ➡

1. Dans les phrases suivantes, entoure les pronoms de conjugaison. Indique leur personne et leur nombre ainsi que leur position (*avant* ou *après*) par rapport au verbe.

		Personne	Nombre	Position
a)	Viendras-tu au concert ?	_____	_____	_____
b)	Chaque matin, je joue un peu de piano.	_____	_____	_____
c)	Ils voyagent avec leurs instruments.	_____	_____	_____
d)	Quand jouerez-vous devant le public ?	_____	_____	_____
e)	Quand elle chante, le silence est de mise.	_____	_____	_____
f)	Assisteront-ils à ton spectacle ?	_____	_____	_____

2. Observe l'orthographe des mots dans les phrases ci-dessous, puis souligne les mots invariables, c'est-à-dire les mots qui ne prennent pas de marque de genre et de nombre et qui s'écrivent toujours de la même façon.

a) Transporte toujours ton instrument dans son étui.

Transportez toujours vos instruments dans leurs étuis.

b) Voilà une île où les cornemuses, les violons et les accordéons animent les soirées.

Voilà des îles où la cornemuse, le violon et l'accordéon animaient la soirée des ancêtres.

c) Depuis son dernier concert, on le reconnaît partout.

Depuis ses derniers concerts, les gens la reconnaissent partout.

Le verbe ☆ ➡

1. a) Dans les phrases ci-dessous, entoure les verbes conjugués.

   b) Afin de justifier tes réponses, récris chaque phrase en mettant un pronom devant le verbe et en conjuguant ce verbe à un autre temps.

     1) Le son de cet instrument est mélodieux.

     _____

     2) Mes élèves découvrent la musique médiévale.

     _____

2. Dans les phrases ci-dessous, souligne les verbes à l'infinitif. Afin de justifier tes réponses :

   a) entoure la terminaison des verbes que tu as soulignés ;

   b) récris ces verbes en les faisant précéder de *ne pas* et de *il va*.

     1) Un jour, je saurai jouer du violoncelle.

     _____   _____

     2) Entendre la musique de Mozart le calme.

     _____   _____

3. Dans chacune des phrases ci-dessous, souligne le nom ou le pronom qui donne son accord au verbe en caractères gras. Trace une flèche de ce mot vers le verbe puis, au-dessus, écris la personne et le nombre de ces mots.

   a) Demain, vous **entendrez** ma nouvelle composition.

   b) Ces musiciens **donnent** un superbe spectacle.

   c) La foule **applaudit** à tout rompre.

Les formes positive et négative de la phrase ➡

1. Les phrases ci-dessous sont des phrases négatives appartenant à la langue orale. Récris ces phrases afin qu'elles deviennent des phrases négatives correctement orthographiées à l'écrit.

a) 🚫 On assistera pas à votre prochain spectacle.

_____

b) 🚫 Tu l'entendras jamais cette chanson.

_____

c) 🚫 Ces musiciens font rien comme les autres.

_____

d) 🚫 Les filles ont pas osé leur demander un autographe.

_____

2. Transforme les phrases positives ci-dessous en phrases négatives. Utilise les mots de négation proposés entre parenthèses.

a) Les musiciens ont joué tout leur dernier album. (n'... rien)

_____

b) Elle savait encore comment lire une partition. (ne... plus)

_____

c) Le chef d'orchestre tolérait tout. (ne... rien)

_____

d) Nous avons encore quelques sièges libres pour ce spectacle. (n'... plus)

_____

Nom : _____   Date : _____

L'accord du verbe ⭐ ➡

Récris les phrases ci-dessous en changeant le nombre (singulier ou pluriel) des sujets en caractères gras. Accorde correctement les verbes avec leur nouveau sujet.

a) **L'instrument** reposait dans une grande salle climatisée.

_____

b) À la fête de la musique, **il** jouera de l'harmonica.

_____

c) Grâce à ce diapason, **tu** seras en mesure d'accorder tout instrument de musique.

_____

_____

d) **Les grands compositeurs** avaient du mal à jouer devant le public.

_____

e) **Elles** aimaient les instruments anciens.

_____

f) Aujourd'hui, **les élèves** donneront un premier spectacle.

_____

g) **Son chat** ne tolérait pas le son du violon.

_____

h) **Nous** possédons la plus grande collection d'instruments artisanaux.

_____

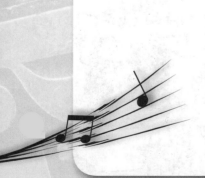

Nom : ______________________ Date : ______________

La phrase de type interrogatif et la phrase de type impératif

1. Transforme les phrases déclaratives ci-dessous en phrases interrogatives :

A en inversant le sujet et le verbe ;

B en ajoutant *Est-ce que* au début de la phrase.

a) Vous aimez la musique.

A ______________________

B ______________________

b) Tu sais jouer du violoncelle.

A ______________________

B ______________________

c) Ils accordent leurs instruments avant le concert.

A ______________________

B ______________________

2. Transforme les phrases déclaratives suivantes en phrases impératives.

a) Tu obéis toujours aux ordres de ton chef d'orchestre.

____

b) Nous écoutons le nouvel album de notre artiste préféré.

____

c) Vous évaluez le son de ce violoncelle.

____

____

d) Nous chantons tous en chœur.

____

____

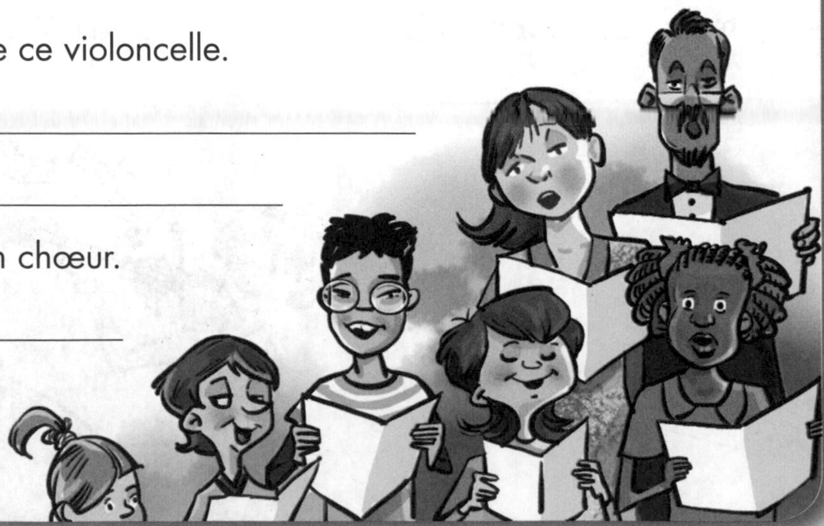